GABRIELA VILHELMSSON

A ARTE DA JARDINAGEM

PARA OS JARDINEIROS DE DENTRO DE CASA

SIMON VILHELMSSON

VAASA 2024

A ARTE DA JARDINAGEM

PARA OS JARDINEIROS DE DENTRO DE CASA

Dedico este livro à minha avó que me inspirou a me tornar uma jardineira. Obrigada por todas as sementes Flamboyant que você guardou para mim.

Também, ao meu marido e editor, que cruza fronteiras para tornar meus sonhos realidade, literalmente.

ISBN 978-952-94-9442-2 (LIVRO)
ISBN 978-952-94-9443-9 (EBOOK)

SUMÁRIO

PRÓLOGO

A grande maioria das pessoas hoje está presa na mesma rotina. De casa para o trabalho, do trabalho para casa, onde muitas vezes o trajeto entre esses dois locais é mais estressante que as próprias tarefas do dia-a-dia.

Não há como fugir, essa é a vida nas grandes cidades. Me atrevo a dizer que estamos até acostumados com tal rotina. Mas, então por que ao menor sinal de feriado ou férias, nosso primeiro pensamento é fugir da cidade, para o campo ou praia?

A resposta é simples: a falta de verde. Nossas cidades são cinzas, poluídas e cheias de carros. Para relaxar, vamos ao shopping no final de semana, ou ficamos escondidos dentro de casa.

A verdade é que nossa essência humana precisa de contato direto com a natureza para manter o equilíbrio. Um pouco de sol, molhar os pés na água do mar ou uma caminhada no parque é o suficiente para relaxar qualquer mente cansada.

Por conta disso, o paisagismo foi mudando ao longo dos anos. Deixando de ser apenas o planejamento de grandes jardins, mas aproximando, cada vez mais, o verde das pessoas. Descobrimos que, não é preciso muito espaço para poder usufruir de todos os benefícios da jardinagem. Há grandes chances de você ter um vaso de planta em casa, ou até vinte vasos (sim, é um caminho sem volta) e já ter descoberto o quanto a presença do verde traz harmonia para dentro de nossos lares.

Entretanto, os jardineiros de dentro de casa tem um problema em comum: a falta de tempo. Se você está lendo este livro, tenho certeza que gostaria de ter ambientes verdes em sua casa ou apartamento, mantendo suas plantas saudáveis e bonitas. Pelo menos, é isso o que eu escuto dos meus clientes na minha empresa de paisagismo e jardinagem, a Flor de Café.

A ARTE DA JARDINAGEM
PARA OS JARDINEIROS DE DENTRO DE CASA

A má noticia é que, gostar muito de plantas não é o suficiente para mantê-las vivas e em desenvolvimento. Afinal, como qualquer ser vivo, elas precisam de cuidados básicos para sobreviver.

Tenha sempre em mente que a planta que você tem em casa não está em seu habitat natural, ou seja, as condições de clima, temperatura, umidade e iluminação da sua casa, são diferentes do seu local de origem. Portanto, é função do jardineiro (de dentro de casa ou profissional) garantir que a vegetação se adapte e encontre as condições adequadas para seu desenvolvimento.

A boa notícia? É mais fácil do que parece.

Neste livro, vou te apresentar o mundo da jardinagem amadora, de maneira descomplicada, para você aprender a cuidar de qualquer planta e ter o jardim dos seus sonhos, mesmo para aqueles que não tem tempo ou habilidade.

Você vai encontrar inúmeros exercícios, ilustrações e exemplos para que você se torne um especialista nos cuidados com o seu jardim, não importa o tamanho dele.

A jardinagem mudou a minha vida. Espero, de verdade, que você leitor, aproveite esse livro e seja capaz de perceber o quanto a natureza e o contato com o verde é uma das peças essenciais para uma boa qualidade de vida.

JARDINAGEM PARA TODOS

CAPÍTULO 1
JARDINAGEM PARA TODOS

Será que você precisa de milhares de cursos, faculdades, pós-graduações, MBAs, anos de estudo e rios de dinheiro para ser um jardineiro?

Não sou contra estudar, muito pelo contrário, eu estudei muito e sou professora.

Mas, quero te mostrar que jardinagem é para todos. Mesmo que você mate todas as suas plantas, mesmo que nunca tenha estudado, não tenha dinheiro para investir, mesmo que não tenha espaço.

Jardineiros são todos aqueles que se preocupam com o meio ambiente, entendem que as plantas trazem bem-estar e harmonia, e querem deixar o mundo mais verde.

 ## VAMOS FAZER UM TESTE? 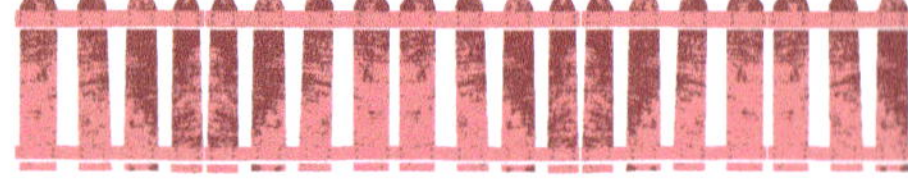

✅	❌	
☐	☐	GOSTA DE PLANTAS?
☐	☐	TEM UMA ROTINA DE REGA?
☐	☐	JÁ MATOU ALGUMA PLANTA?
☐	☐	PEDE MUDAS PARA OS AMIGOS?
☐	☐	JÁ TRABALHA COM JARDINAGEM?
☐	☐	COSTUMA ADUBAR SUAS PLANTAS?
☐	☐	AS PESSOAS TE PEDEM CONSELHOS SOBRE PLANTAS?
☐	☐	SEGUE PERFIL DE PLANTAS E JARDINEIROS NA INTERNET?
☐	☐	PROCURA CONHECER AS CARACTERÍSTICAS DE CADA PLANTA?

Se você respondeu ✅ para pelo menos 1 pergunta: Parabéns! Você é um jardineiro.

O QUE UM JARDINEIRO FAZ?

CUIDA DE PLANTAS, NÉ?

JARDINEIRO AMADOR

Os jardineiros amadores estão em todos os lugares.

Aqueles que cuidam de suas plantas em casa, tiram fotos e se **enchem de orgulho** quando nasce uma nova flor.

Eles nem sempre sabem o que fazer, podem até ter perdido algumas plantas, mas estão sempre pensando na próxima plantinha que irão comprar.

JARDINEIRO PROFISSIONAL

A principal diferença entre um jardineiro profissional e o amador, é que o primeiro faz da jardinagem uma fonte de renda.

É claro que, ao prestar serviços, ele terá que desenvolver outras habilidades, entender sobre o funcionamento das plantas, o ciclo de um jardim e aprimorar, cada vez mais, seus **conhecimentos** na área.

JARDINEIRO JOANINHA

Se você comprou esse livro, já está no caminho de se tornar um jardineiro joaninha. As joaninhas são as guardiãs do jardim. Tem instintos que as alertam da aproximação de predadores e se alimentam das pequenas **pragas** que infestam nossas plantas. Em diferentes culturas, elas trazem sorte, realizações e proteção. É associada à felicidade e equilíbrio.

Seja você amador ou profissional, homem ou mulher, se você ama a jardinagem, protege suas plantas, está sempre no jardim e cercado de verde, você é uma joaninha. O verde, a natureza, o amor pelas plantas, já está instalado na sua essência.

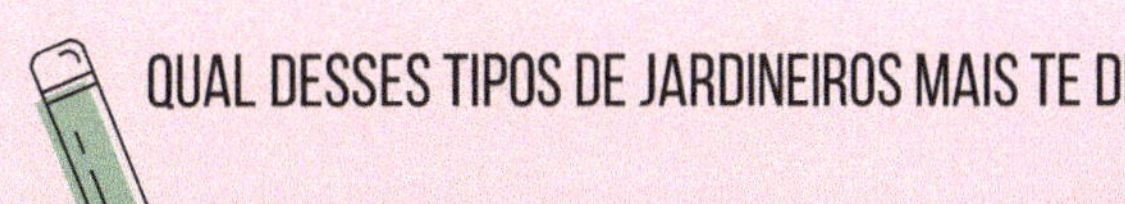

ATIVIDADES DE UM JARDINEIRO

- Controle de pragas e fungos.
- Poda de árvores e plantas menores.
- Cultivo e plantio.
- Corte de grama.
- Instalação de sistemas de irrigação.
- Identificar tipos de solo.
- Correção de solo.
- Uso de diferentes ferramentas de trabalho.
- Limpeza de jardim.
- Divulgação do seu trabalho.
- irrigação das plantas.
- Análise do clima e condições do ambiente.
- Implantação, criação e manutenção de jardins.
- Cuidado com plantas de ambiente interno e externo.
- Aplicação de defensivos agrícolas.
- Operação de equipamentos e máquinas de jardinagem.
- Replantio e transplante de plantas.
- Visitas à gardens, floriculturas, viveiros e fornecedores.
- Conservação de grandes áreas verdes.
- Criação de pequenos arranjos, vasos e jardineiras.
- Identificação de plantas.
- Arborização e manutenção de espaços.

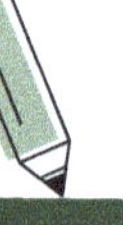

ESCREVA OS 3 ITENS MAIS IMPORTANTES	ESCREVA 3 HABILIDADES QUE VOCÊ JÁ TEM

TRABALHAR COM PLANTAS - 1001 POSSIBILIDADES

TERRÁRIOS

Eles estão na moda e podem ser uma grande **fonte de renda**.
Você pode se especializar na criação de terrários, com as técnicas de água, miniaturas e criar mundos verdes no vidro.

ESPECIALISTA

Você pode ser um jardineiro especialista, focando em apenas uma espécie de planta, ou técnica de jardinagem.
Por exemplo: Especialista em orquídeas.
Já pensou em se tornar uma **autoridade** no assunto?

HORTAS

Não há nada melhor, mais saudável e gratificante do que plantar o próprio **alimento**.
Um jardineiro é capaz de cultivar hortaliças, sejam elas em grandes canteiros ou em vasos, criando hortas incríveis.

LEMBRANCINHAS

Com certeza você já viu alguém dar lembrancinhas com plantas em casamentos, batizados, festas.
Terrários, suculentas, mini jardins.
Use a sua **criatividade** de jardineiro!

VENDEDOR

Os jardineiros também podem ser **funcionários** com carteira assinada.
Há grande procura por gardens e floriculturas por funcionários que entendem tudo sobre plantas.

EMPREENDEDOR

Se você é um jardineiro com vocação para os **negócios**, já pensou em abrir a sua própria empresa?
Comércio, serviço, consultoria, etc.
Você pode começar com um MEI (Micro Empreendedor Individual) e ir conquistando o mundo!

ARRANJOS E VASOS

O menor dos vasos exige técnicas e **conhecimento**.
Um jardineiro sabe tudo sobre camada de solo, quais plantas deve colocar juntas e tem noção de espaço.

MANUTENÇÃO

Gosta de trabalho pesado?
Tente cuidar de um jardim, chácara ou um condomínio. Corte de grama, poda de árvores, adubação.
Mas é claro, também pode fazer a manutenção de um **vasinho de suculentas**.

CURSOS

Quem disse que jardineiro só serve para cuidar de planta?
Já pensou em passar seu **conhecimento** para outros?
Você pode dar cursos, consultorias e até vídeo aulas, como eu.

JARDINS VERTICAIS

Jardim não é só no chão.
Um jardineiro pode criar uma horta vertical na parede, uma prateleira verde ou uma **varanda**.

JARDINS

Não existiriam jardineiros, sem jardins!
O desafio do jardineiro hoje é criar jardins nas grandes cidades, em espaços pequenos e, muitas vezes, com o **orçamento** apertado.

PROJETOS

Quer ser um jardineiro **paisagista**?
Você pode fazer e executar projetos paisagísticos, levando seus conhecimentos para outro nível.

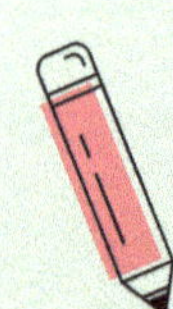

QUAIS DESSAS ATIVIDADES MAIS TE ATRAI? TEM ALGO MAIS QUE GOSTARIA DE FAZER?

____

____

DEDO VERDE

CAPÍTULO 2
DEDO VERDE

Você com certeza já ouviu essas frases: "Não tenho dedo verde", "As plantas não gostam de mim", "Não sei cuidar de plantas", "Tenho dedo podre para plantas".

Talvez você já tenha dito isso. Então vou te contar a verdade sobre a jardinagem: Não existe "dedo verde". Não existem pessoas que as plantas se dão bem, que nunca vão matar uma plantinha e que fazem tudo crescer e florescer.

Imagine duas pessoas que amam plantas. Uma tem um jardim lindo, enquanto a outra vive matando suas plantas.

Qual delas tem potencial para se tornar um bom jardineiro? As duas! Só o que a segunda pessoa precisa é **conhecimento**. Conhecer suas plantas, características, habitat natural e o que cada uma precisa, individualmente.

Não existe "dedo verde", existem pessoas que não desistem de suas plantas.

ESQUEÇA AS RECEITAS PRONTAS!

Ninguém pode te dizer quantas vezes por semana regar, quando adubar ou onde colocar sua planta, a menos que tenha sido feito um estudo do seu ambiente e rotina.

Cada casa, cada região, tem condições diferentes de clima, temperatura, ventilação, luminosidade, chuvas, etc.

O modo que eu cuido das minhas plantas, vai ser **diferente** do modo que você deve cuidar.

E agora? O que fazer? Neste capítulo vou te ensinar as minhas técnicas.

HABITAT NATURAL

O QUE É HABITAT NATURAL?

Já viu algum elefante andando pelas ruas de São Paulo? Ou na floresta Amazônica? A menos que ele tenha fugido do zoológico, não é nada comum.

Isso acontece porque o habitat natural dos elefantes, não é o Brasil, nem o nosso clima tropical.

Os elefantes são originários do continente Africano e algumas partes da Ásia, onde habitam grandes **savanas e florestas**. Compare as imagens abaixo:

QUAIS AS DIFERENÇAS ENTRE AS DUAS IMAGENS?

POR QUE TENHO QUE SABER SOBRE ELEFANTES?

Você não precisa ser um zoólogo, nem um biólogo, para responder a essa pergunta. Voltando às imagens da página anterior, conseguiu identificar as **diferenças** entre a floresta tropical e a savana?

Sabemos que o habitat natural do elefante é a **savana**, ou seja, é de lá a origem dele. Sabemos também que no Brasil, temos diferentes biomas e climas (você vai aprender sobre eles, também), mas a **Mata Atlântica**, as florestas tropicais, são típicas do nosso país.

Ao analisar as imagens, você deve ter percebido que o tipo de vegetação, temperatura, insolação, umidade do ar, quantidade de água disponível, é totalmente diferente de um lugar para o outro.

Com todas essas informações em mente, responda:

Um elefante consegue sobreviver em uma floresta tropical?

A resposta é, sim! Toda espécie é capaz de se adaptar à novas condições, porém, ele com certeza sofrerá com a **mudança de ambiente**. Terá dificuldade de encontrar alimento e água, predadores diferentes do que está acostumado, além da mudança brusca de clima. Pode levar centenas de anos até que uma espécie se adapte ao novo território, no processo natural de evolução. Resumindo, não tente trazer um elefante para São Paulo.

Já percebeu como os zoológicos tentam reproduzir as mesmas características do seu habitat natural? Não é só pra ficar bonito na foto.

Mas, você ainda deve estar se perguntando o que elefantes tem a ver com jardinagem. Conhecer o **habitat natural de uma planta** é o primeiro passo para saber como cuidar bem dela (e parar de matá-las).

É por isso que os paisagistas estão, cada vez mais, usando apenas plantas nativas em seus projetos, para amenizar os efeitos da mudança. Isso não quer dizer que não podemos ter um maravilhoso Flamboyant (Delonix regia) no jardim. Se você sabe qual a origem da planta com a qual está trabalhando, já sabe a quantidade de água, luz, umidade e ventilação, quais as condições de solo e que esta espécie já é adaptada.

O **desafio** do jardineiro é reproduzir estas condições, aonde estiver.

BIOMAS

O QUE É BIOMA E POR QUE PRECISO SABER DISSO?

Bioma é um conjunto de tudo (vegetação e animais), com um clima predominante. Um bioma possui condições de geologia (formato e característica do solo) e clima semelhante, tem uma diversidade de fauna e flora únicas, que sobrevivem nestas condições específicas. Ou seja, é uma região com características únicas.

Um jardineiro **joaninha** entende de biomas e é capaz de criar jardins em qualquer lugar do mundo!

Antes de estudar jardinagem, vamos estudar sobre biomas. Você vai ver como vai ficar tudo mais fácil.

Região montanhosa, coberta por gelo. Não há sol, apenas luz.
Poucas espécies sobrevivem, apenas algumas vegetações rasteiras.

 **PRÓXIMO AO ÁRTICO, HEMISFÉRIO NORTE**

Região com neve, caracterizada por pinheiros, cedros, arbustos e ervas, com folhas em forma de agulhas, pois não perdem água no inverno e não congelam.

 **AMÉRICA DO NORTE (CANADÁ), EUROPA E ÁSIA**

As 4 estações do ano são bem definidas e o clima é frio, pois as altitudes são mais altas.
A maioria das plantas são caducifolias (perdem suas folhas no inverno), como o carvalho.

CENTRO DA EUROPA, LESTE DA ÁSIA E DA AMÉRICA DO NORTE, CHILE

Caracterizado por sol e chuva, ambiente quente e úmido.
Possui microclimas (a sombra das árvores cria um ambiente mais fresco).
Abriga grande diversidade de espécies, de diferentes tamanhos.

 **ÁFRICA, ÁSIA, AMÉRICA CENTRAL E DO SUL**

CAMPOS

Pampas, cerrado, savanas, pradarias podem ser agrupados neste bioma.
Há calor, mas pouca chuva e épocas de seca e o solo é pobre. Há árvores espaçadas, com raízes profundas e vegetação rasteira.

 NORTE E SUL DO BRASIL, ÁFRICA, AMÉRICA DO NORTE

CAATINGA

Pouca chuva e não há frio.
Vegetação caducifólia, cactos e árvores retorcidas. A paisagem fica verde no inverno, quando chove.

 BIOMA EXCLUSIVAMENTE BRASILEIRO (NORDESTE)

PANTANAL

Região muito quente. Há muitos rios, portanto, muitas cheias e inundações.
Esse bioma só existe na região do Mato Grosso (BR), por conta das condições de altitude e clima.

 MATO GROSSO - BRASIL

DESERTO

Clima seco e temperatura elevada.
Há frio à noite, pouca chuva e pouca vegetação. As plantas desse bioma tem alta reserva de água.
O solo é pobre em nutrientes.

 NORTE DA ÁFRICA, PARTE DA ÁSIA, EUA E MÉXICO

MANGUEZAL

Acontece no encontro do rio com o mar.
O solo é barroso, as raízes das plantas são aéreas (para respiração).
Há muitas orquídeas e bromélias.

 COSTA LITORÂNEA DAS REGIÕES TROPICAIS

RESTINGA

Ocorre na praia.
Parte do litoral e vai em direção ao mar.
Vegetação rasteira, árvores, trepadeiras e bromélias que nascem na areia.

 COSTA LITORÂNEA DA MATA ATLÂNTICA

VOLTA AO MUNDO

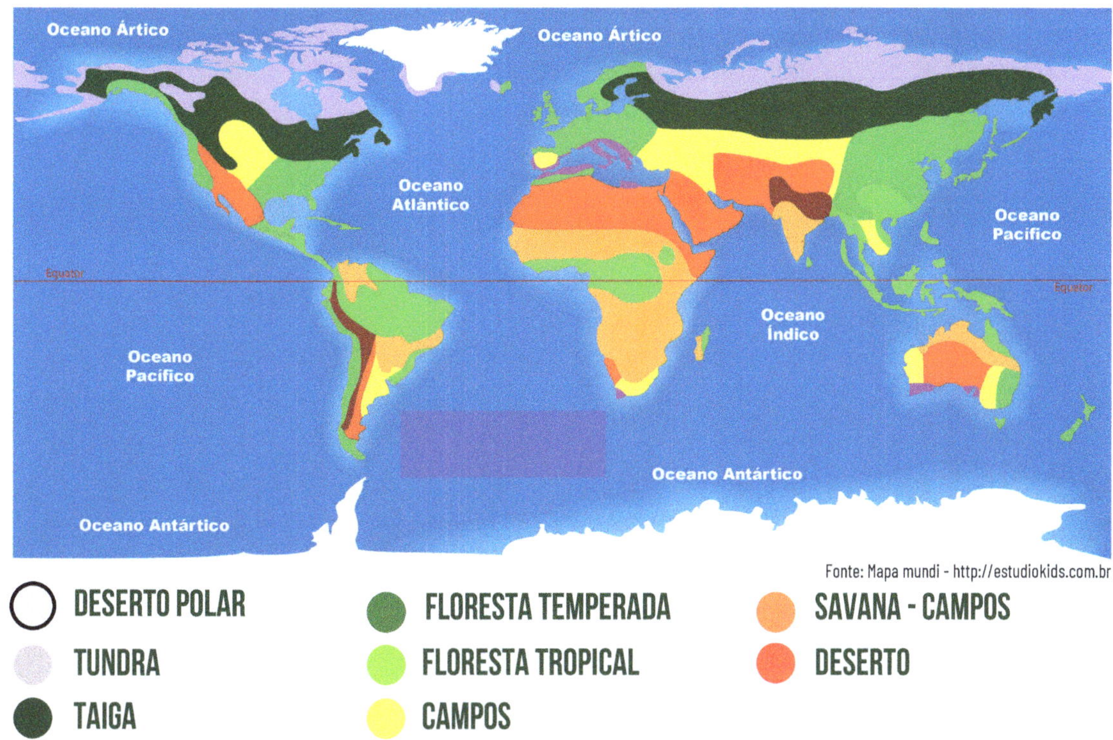

- ⬤ DESERTO POLAR
- ⬤ TUNDRA
- ⬤ TAIGA
- ⬤ FLORESTA TEMPERADA
- ⬤ FLORESTA TROPICAL
- ⬤ CAMPOS
- ⬤ SAVANA - CAMPOS
- ⬤ DESERTO

No mapa acima, destaquei os principais biomas do mundo. Você pode encontrar outros, e até mapas mais detalhados (o bioma campos, por exemplo, se desdobra em vários outros), se quiser se aprofundar no assunto. Mas, para iniciar no mundo da jardinagem, esses são os que você precisa conhecer.

Perceba que no hemisfério norte, acima da linha do equador, a vegetação é adaptada para climas mais frios, enquanto as regiões próximas a linha do equador e no hemisfério sul, tem o clima mais quente. Pense nisso ao escolher as espécies para seu jardim.

BRASIL

*Embora a Amazônia seja uma Floresta Tropical, ela se torna um bioma por sua importância e biodiversidade.

Com 6,9 milhões de km², está em nove países: Bolívia, Colômbia, Equador, Venezuela, Guiana, Guiana Francesa, Peru, Suriname, sendo seu maior território no Brasil.

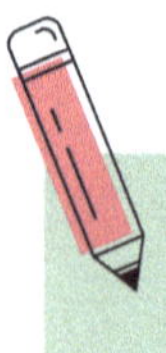

QUAL É O BIOMA?

Observe as fotos e descreva suas características. Qual tipo de clima? Vegetação? A partir das informações que você destacou, escreva a qual **bioma** esta imagem pertence. Siga o exemplo. As respostas estão na próxima página.

tundra

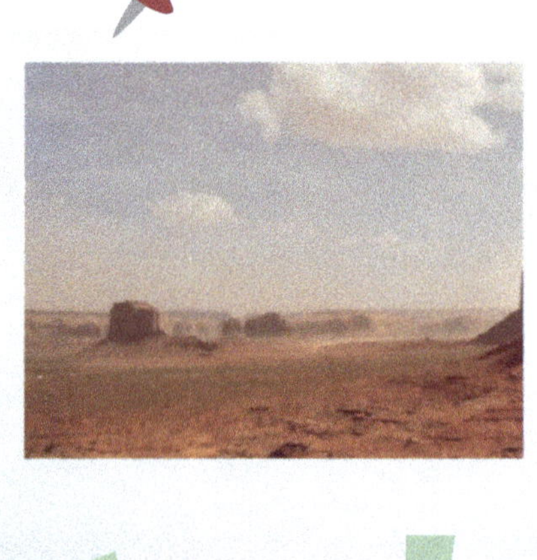

Clima frio, presença de gelo.
Vegetação rasteira.
Não há sol, apenas luz..
Montanhas e rio congelado.
Não há arvores.

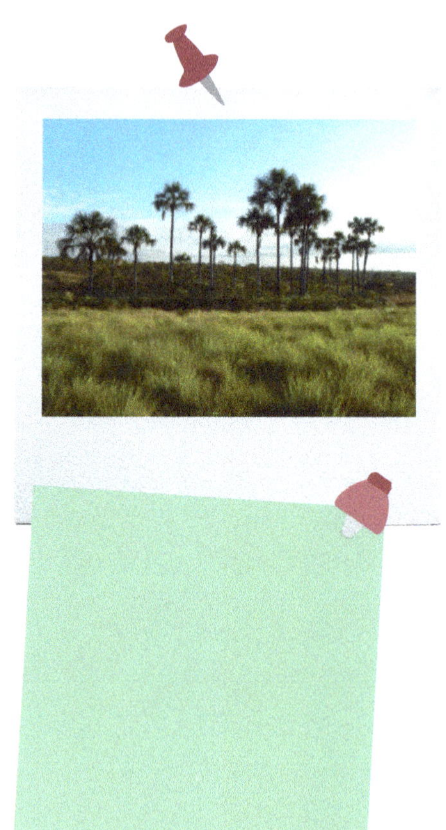

CONFIRA SUAS RESPOSTAS

COLOCANDO EM PRÁTICA

Agora que você já conhece os diferentes tipos de biomas do mundo, chegou a hora de entender como isso interfere na **jardinagem**. Vamos analisar duas plantas: a samambaia e o cacto.

O habitat natural da **samambaia** é a floresta tropical. Relembrando o que aprendemos, a floresta tropical tem o clima quente e úmido, com uma diversidade enorme de plantas e animais.

As samambaias ficam embaixo da sombra das grandes árvores, onde não há raios solares, pouca ventilação. O solo é rico em nutrientes, que vem das matérias ôrganicas disponíves (frutos, folhas, restos de animais).

Já os **cactos**, são originários de climas áridos, como o deserto e caatinga. Nestes ambientes, o solo é pobre em nutrientes, o clima é seco e quente.

Há grande incidência de luz solar, por isso as plantas têm uma reserva de água maior, para grandes períodos de seca, pois as chuvas são raras e escassas.

A IMPORTÂNCIA DE CONHECER O HABITAT NATURAL DA SUA PLANTA

Sabendo disso, fica fácil entender como cuidar de uma samambaia na sua casa. Deixe sua samambaia perto da janela, onde pegue luz, mas não raios solares. Cuidado com vento em excesso e tempo seco. O solo deve estar sempre úmido e rico em nutrientes. **Borrifar água** em suas folhas é essencial para manter a umidade. O sol forte e vento vão ressecar a planta e queimá-la.

E os cactos? Para mantê-los sempre saudáveis, eles devem ser **expostos ao sol** na maior parte do dia e as regas são espaçadas, apenas quando o solo estiver completamente seco. São muito resistentes, uma vez que são espécies adaptadas à ambientes pobres. Não é a toa que são conhecidos por serem fáceis de cuidar.

Percebeu que a pesquisa do habitat natural, país ou bioma de origem é o primeiro passo para entender o funcionamento da planta e aumentar seu repertório.

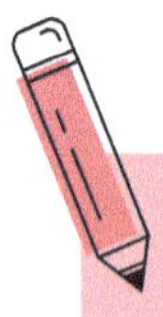

JARDINEIRO PROFISSIONAL

Preciso dos seus serviços de jardinagem para decorar os espaços nas fotos. Para facilitar, vou dar uma lista de plantas e seus habitats naturais.

Observe os ambientes ao lado, considerando sua iluminação, ventilação, quantidade de chuva e sol, etc.

QUAL PLANTA VOCÊ ESCOLHERIA PARA DECORAR CADA LUGAR?

CORREDOR SEM LUZ NATURAL

QUINTAL EXPOSTO AO SOL E CHUVA

Agave   - deserto
Ráfis   - floresta temperada
Antúrio   - fl. amazônica
Zamioculca   - fl. tropical
Violeta   - fl. tropical

FAÇA SUAS ANOTAÇÕES AQUI

BANHEIRO COM JANELA

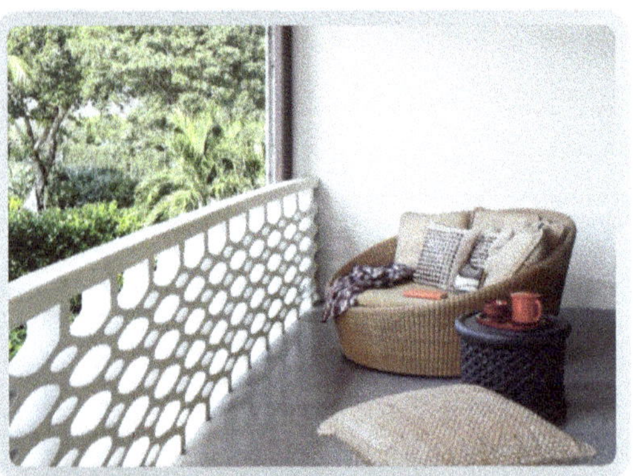

VARANDA ENSOLARADA, SEM CHUVA

Viu como você não precisa de "dedo verde" para cuidar de suas plantas e trabalhar com jardinagem?

3 MANDAMENTOS

CAPÍTULO 3

3 MANDAMENTOS

Que você é um jardineiro, ou quer ser um, eu já sei. Seja bem-vindo ao **clube das joaninhas**, onde só entram aqueles que amam plantas, procuram entender mais sobre elas, estão sempre se aperfeiçoando e em contato com o verde.

Não importa se você é amador ou profissional, se quer cuidar das suas plantas ou das do cliente, você sabe que o contato com a **natureza** traz inúmeros benefícios.

VAMOS DAR UMA OLHADA NO CLUBE?

ESSE CAPÍTULO VAI ILUMINAR SUAS IDEIAS SOBRE JARDINAGEM.

CADASTRO DE JARDINEIROS

É claro que esse é um clube fictício, mas mesmo assim, vamos fazer o seu cadastro e descobrir que tipo de jardineiro você é?

1 EU COMPRO PLANTAS NOVAS...

- **A** Quando minhas plantas morrem.
- **B** Na primavera.
- **C** Se der vontade.
- **D** Quando vejo uma que gosto no Instagram.
- **E** Pra aumentar minha coleção.
- **F** Toda semana.

2 EU REGO MINHAS PLANTAS...

- **A** Quando minhas plantas morrem.
- **B** Deixo a chuva regar.
- **C** De vez em quando.
- **D** Por sistema autoirrigável ou sprinkler.
- **E** 2x por semana.
- **F** Quando vejo que o solo está seco.

3 SE TEM UM ESPAÇO LIVRE EM CASA...

- **A** Eu pavimento pra dar menos trabalho.
- **B** Eu faço um gramado.
- **C** Coloco umas plantas.
- **D** Faço um projeto com um paisagista.
- **E** Compro vários vasos novos.
- **F** Pesquiso qual planta se adaptaria bem ali.

4 NA MINHA CASA...

- **A** A faxineira que cuida das plantas.
- **B** Compro sempre flores pra enfeitar.
- **C** Tem alguns vasos que ganhei de presente.
- **D** Tem uma horta vertical autoirrigável.
- **E** Tem diversas espécies de plantas.
- **F** Tem uma composteira de adubo orgânico.

5 EU CUIDO DAS MINHAS PLANTAS...

- **A** Quando dá tempo.
- **B** Na primavera.
- **C** Quando eu me lembro.
- **D** Quando o sistema de alarme avisa.
- **E** Todo dia.
- **F** Todo dia vejo se precisam de alguma coisa.

6 JARDINAGEM PARA MIM...

- **A** É muito difícil.
- **B** Deixa o ambiente mais bonito.
- **C** É legal.
- **D** Está na moda.
- **E** Melhora a qualidade de vida.
- **F** É essencial para a vida.

SE VOCÊ MARCOU MAIS ALTERNATIVAS...

JARDINEIRO DESATENTO

Você só lembra de cuidar de suas plantas depois que já morreram de sede. Acha que as plantas não gostam de você, acha jardinagem muito difícil e acaba desistindo do seu jardim e pavimentando tudo.

JARDINEIRO CACIQUE

Ama uma dança da chuva. Você depende do tempo para cuidar de suas plantas. Espera a chuva regar o seu jardim e só arruma tudo na primavera.

JARDINEIRO TANTO FAZ

Você tem algumas plantas em casa e até gosta. Rega suas plantas com um copo, quando dá tempo e está bom demais.

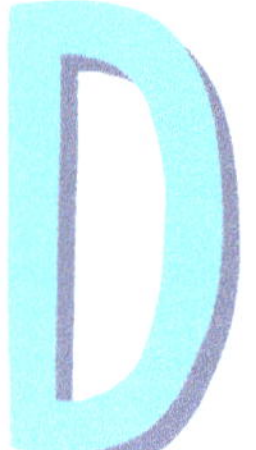

JARDINEIRO SÉCULO XXI

Você não tem tempo a perder. Usa um sprinkler ou sistema de irrigação automatizado para manter o gramado verde e suas plantas saudáveis. Está sempre antenado nas novidades das redes sociais e aplicativos para facilitar sua vida na jardinagem.

JARDINEIRO URBAN JUNGLE

Você mora na cidade, mas sua casa parece uma selva. Tem várias espécies de plantas diferentes e está sempre procurando uma nova. Cuida muito bem do jardim.

JARDINEIRO JOANINHA

Parabéns! Você é um ambientalista que leva à sério a jardinagem. Separa um tempo para cuidar de suas plantas, mantendo-as saudáveis e bonitas o ano todo. Cultiva plantas nativas, tem sua própria horta e se preocupa em usar apenas produtos orgânicos. Você está pronto para trabalhar com jardinagem.

BENEFÍCIOS DA JARDINAGEM

- É uma forma de terapia.
- Melhora o humor e ajuda a evitar a depressão.
- Auxilia na saúde, seja pela alimentação ou uso de plantas medicinais.
- É relaxante.
- É uma prática sustentável.
- Deixa o ambiente mais bonito.
- Cria microclimas mais agradáveis.
- Nos conecta com nossa origem.
- Melhora a qualidade do sono.
- Fonte de vitamina D, coloque seu boné e vá cuidar do seu jardim.
- Um hobby barato, que se torna uma fonte de renda lucrativa.
- É uma conexão com a natureza.
- Regula a umidade dos ambientes.
- É uma ótima forma para educar crianças.
- Ensina sobre os valores da vida.
- Desenvolve os sentidos de contemplação, meditação e atenção.
- O contato com a terra produz serotonina, o hormônio da felicidade.
- Traz bom humor, leveza e alto astral.
- Atrai animais benéficos para o equilíbrio do ecossistema.
- Estimula a força, destreza e autoestima.
- Previne doenças e hipertensão.

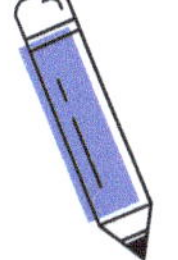

E PARA VOCÊ, QUAIS SÃO OS BENEFÍCIOS DA JARDINAGEM?

3 MANDAMENTOS

Agora que você já faz parte do clube e já sabe todos os benefícios da jardinagem, chegou a hora de descobrir os mandamentos dos jardineiros.

Você precisa saber que existem 3 coisas fundamentais para uma planta, não importa de onde ela venha, seu habitat natural, onde ela estám seu tamanho ou espécie.

ÁGUA

A primeira coisa que não pode faltar para suas plantas é **irrigação**.

A água é responsável pelos processos químicos, absorção de nutrientes pela raiz, fotossíntese (transformação de luz em energia) e nutrição da planta.

As sementes também precisam de água para germinar. As células de uma planta só so multiplicam com a presença de água.

SOLO FÉRTIL

Solo fértil quer dizer solo adubado.

Ao tirar uma planta de seu habitat natural, o jardineiro deve dar todos os **nutrientes** que uma planta precisa para viver.

Se algum nutriente está faltando, a sua planta vai dar sinais.

LUZ

Você já viu que a luz é responsável pela **fotossíntese.**

As plantas se alimentam de uma forma diferente de nós, animais. Elas precisam de energia produzida pela fotossíntese. Ou seja, para uma planta, sem luz, sem comida. Mesmo que uma planta seja de sombra, ela precisa de **incidência de luz**. Ela pode estar longe dos raios solares, mas a luz deve chegar até ela.

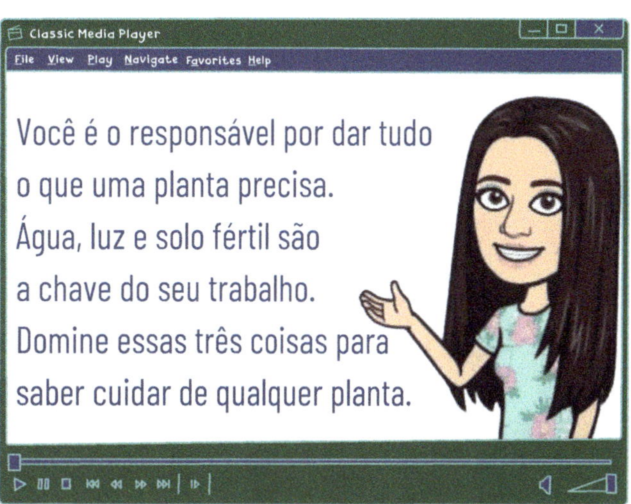

MAS O QUE É FOTOSSÍNTESE?

Entenda esse processo essencial nas plantas, com o simples esquema abaixo.

A folha absorve a luz.

A luz é responsável por dividir as moléculas de hidrogênio e oxigênio. O H_2O, a fórmula da água. Lembre-se que a folha armazena água.

O oxigênio é usado para queimar esse açúcar e produzir a energia da planta e depois é descartado de volta em forma de vapor. Isso é a fotossíntese.

O hidrogênio se junta ao dióxido de carbono - CO_2, presente no ar (a folha também armazena ar) e produz açúcar.

PERGUNTAS FREQUENTES ❓

Do que uma planta mais precisa

Toda planta precisa, essencialmente, de 3 coisas: Iluminação, irrigação e adubação.

Quando regar minhas plantas

Sempre que a terra estiver seca. Coloque o dedo para verificar se o substrato está seco e regue. Se ainda estiver úmido, espere.

Plantas fazem fotossíntese à noite

A fotossíntese depende da luz. Durante a noite, as plantas fazem seu processo de respiração e liberam os gases que não necessitam.

Devo adubar minhas plantas

Sim! A planta que não está em seu habitat natural precisa ser adubada corretamente, para que possa repor seus nutrientes.

Preciso podar a minha planta

Pode suas plantas sempre após a floração. Também faça podas periódicas de folhas velhas, secas e para entrada de luz.

Toda planta precisa de sol

Há plantas que dispensam raios solares. São as chamadas de plantas de meia sombra. Mas, entenda que toda planta precisa de luz.

POSTE FOTO DAS SUAS PLANTAS E ME MARQUE EM @FLORDECAFE.PLANTAS

OBSERVAÇÃO DAS PLANTAS

CAPÍTULO 4
OBSERVAÇÃO DAS PLANTAS

No capítulo anterior, você aprendeu que iluminação, irrigação e adubação são essenciais para o crescimento e desenvolvimento das plantas.

Mas, o que acontece quando as quantidades de luz, água e adubo são inadequadas? Normalmente, os primeiros sinais de que algo não vai bem será rapidamente percebi nas folhas, caules e flores. Vamos aprender a identificar esses sinais?

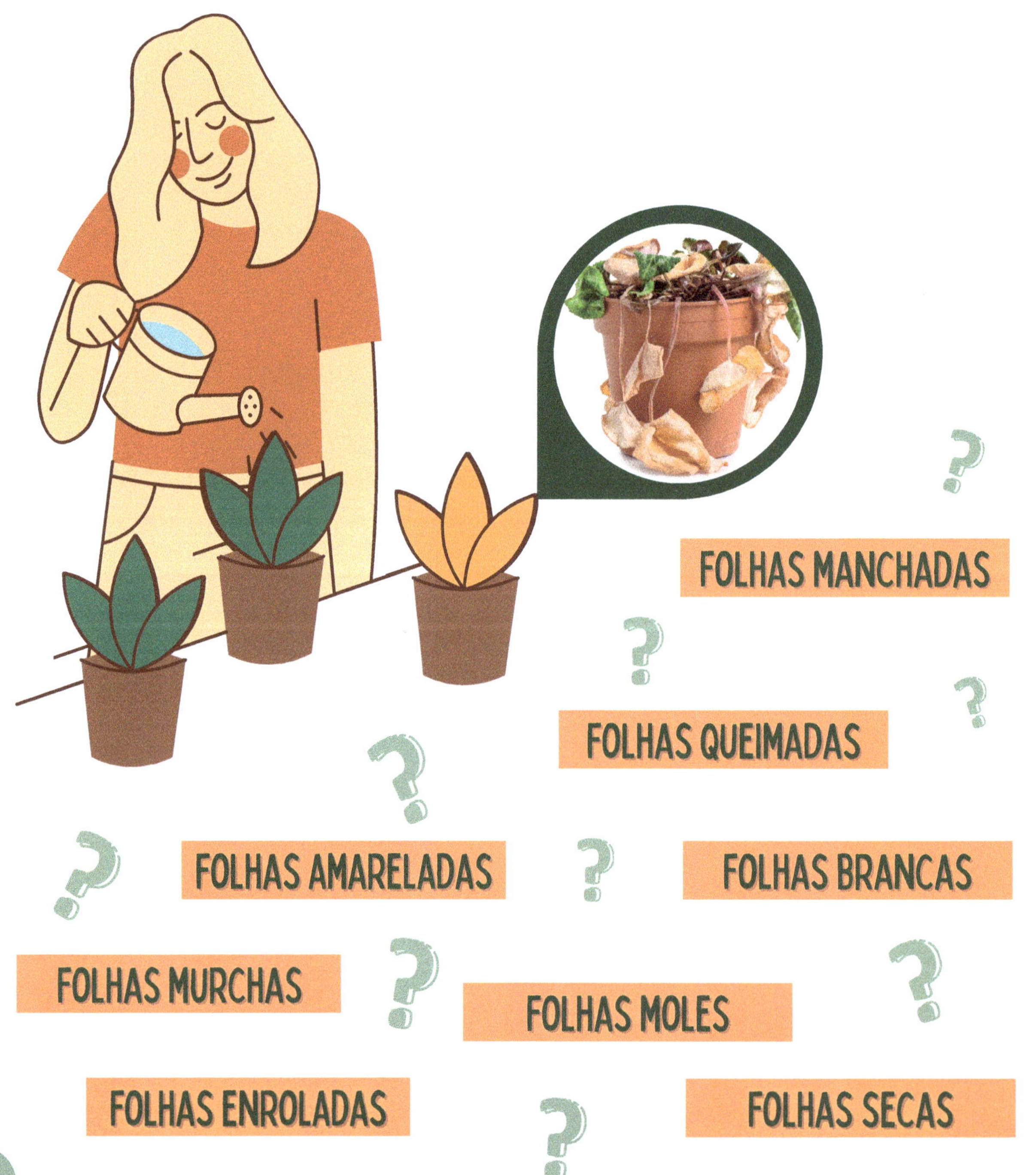

FOLHAS MURCHAS

Folhas murchas é sinal de **falta de água.** Primeiro as raízes tentam absorver toda a água presente no solo. Uma vez que este está seco, a planta começa a absorver toda a reserva de água disponível, para sobreviver.

Começando das pontas das suas folhas, vai o levando toda a água para o centro da planta, sugando suas forças e murchando.

Comparando com o corpo humano, onde os primeiros sinais de desidratação são cutículas, cabelos e pele seca. É uma reação natural dos seres vivos, concentrando suas reservas escassas de água, para sobrevivência.

O QUE FAZER?

Rega de emergência. Coloque sua planta em uma bacia e deixe as raízes absorverem a água necessária.

FOLHAS MURCHAS

Folhas murchas é sinal de **excesso de água**, também. E agora?! É fácil identificar a causa. Coloque o dedo no substrato e veja se ele está úmido e compacto. Se estiver, é sinal de rega demais.

Neste caso, a planta tenta respirar e absorver ar pelas raízes. O excesso de água torna a terra compacta e sem oxigenação, dificultando esse processo.

O QUE FAZER?

Pare de regar por um período. Só regue quando tiver certeza que o substrato está completamente seco.

Verifique se a camada de drenagem está adequada e não há água empoçada no fundo do vaso.

Em casos mais graves, replante em um substrato seco.

PONTAS QUEIMADAS

Folhas com pontas queimadas podem ser sinal de muitas coisas. Não é possível identificar a causa, sem antes uma análise da planta toda e do ambiente em que está.

Algumas causas de pontas queimadas são: falta de umidade, muito vento, ar condicionado, regas excessivas, fungos, adubação inadequada, falta de luz, sol demais ou vaso pequeno.

Viu como é preciso uma **análise completa** até chegar no real problema?

Perceba o ambiente, identifique o problema, para poder tratar de forma correta.

O QUE FAZER?

Trocar a planta de lugar, adequar rega, iluminação e adubação, aplicar fungicidas, replantar, podar pontas queimadas.

FOLHAS ENROLADAS

Plantas com folhas moles, amareladas e enroladas estão dando sinal de que **falta adubo**.

Lembre-se de qual foi a última vez que adubou suas plantas? Como jardineira profissional, sei que a maioria das pessoas, com problemas nas plantas, dizem que a adubação está em dia. Cá entre nós, sabemos que isso não é verdade.

A adubação incorreta é a maior causa de doenças nas plantas que temos em casa.

O QUE FAZER?

Adubação adequada e orgânica, inclusive nas plantas que ficam fora da sua visão e alcance.

Sabe aquela suculenta que você esqueceu no banheiro?

FOLHAS QUEIMADAS

Folhas totalmente queimadas, como se tivessem sido atingidas em camadas, é sinal de **fungos.**

Uma doença fúngica, chamada Antracnose, deixa as folhas com aparência de queimadas, o que pode ser facilmente confundido com queimaduras de sol, adubação incorreta, etc.

Para isso, novamente é necessário fazer uma **análise da sua planta**: ela está na sombra, você aduba sempre, mantém a umidade e rega corretamente, provavelmente as queimaduras são sintomas de fungos.

Além disso, os fungos estão presentes na planta toda. Não só em algumas folhas.

O QUE FAZER?

Corrigir as causas de fungos e pragas: irrigação, iluminação e adubação incorretas. Aplicação de fungicidas.

ESTIOLAMENTO

O grande mal das plantas que ficam dentro de casa. Quando você percebe que o caule se estica, anormalmente, em direção a luz, crescendo tão rápido que não há nascimento de folhas, ficando pequenas e espaçadas, isso é sinal de **iluminação insuficiente**.

Além disso, as folhas podem ficar com uma cor verde pálida, quase branca.

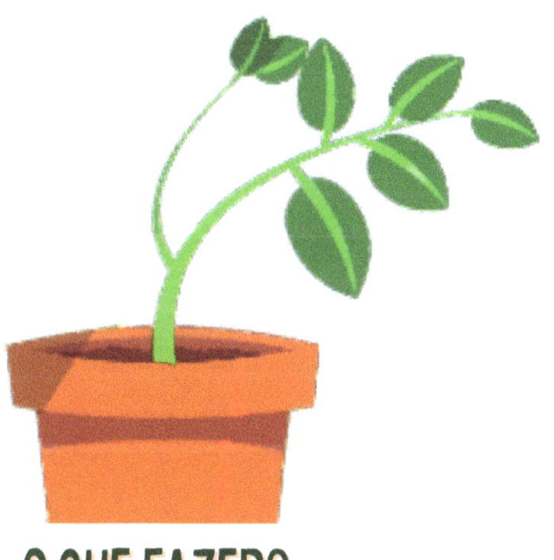

O QUE FAZER?

Dê luz para suas plantas, jardineiro! Isso não quer dizer que elas precisam torrar embaixo do sol. Mas, a iluminação correta é a chave para o desenvolvimento das suas plantas. Lembra da fotossíntese, certo?

Aproxime suas plantas da janela, coloque-as em uma altura adequada.

PLANTAS MORTAS

Este é um problema muito comum entre os jardineiros e (muitas vezes) é consequência do **excesso de adubação**. Pouca gente sabe adubar corretamente, não importa se é adubo químico, mineral ou orgânico.

O excesso de adubação faz com que a planta tenha dificuldade em absorção de nutrientes e água. A planta murcha e as pontas ficam queimadas. O crescimento também é exagerado e começam a nascer brotos e folhas novas fracas, ficando expostas à pragas. No fim, ela acaba secando e morrendo.

Leia atentamente o capítulo sobre adubação, para não correr esse risco.

O QUE FAZER?

Seguir à risca as informações da embalagem e não exagerar.

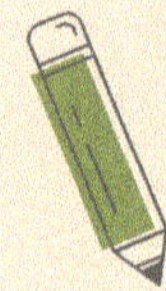

SE TENHO UMA PLANTA DOENTE, O QUE DEVO FAZER? MARQUE UM ✓ **NOS ITENS ESSENCIAIS.**

- ☐ Adubar a planta.
- ☐ Ver se a iluminação está adequada.
- ☐ Fazer rega de emergência.
- ☐ Olhar as folhas para identificar manchas.
- ☐ Aplicar fungicida ou pesticida.
- ☐ Lembrar qual a última vez que adubou.
- ☐ Checar o solo para ver umidade.
- ☐ Borrifar água nas plantas.
- ☐ Observar o ambiente onde ela está.
- ☐ Tirá-la do sol.

Se você marcou ✓ em qualquer item de **ação**, antes de identificar a **causa**, lembre-se que você não deve adubar, regar ou mudar de lugar, sem saber se é disso que a planta precisa.

DICAS DE JARDINEIRA

CAPÍTULO 5
DICAS DE JARDINEIRA

Há algumas coisas que você descobre só na prática e errando. Aprendi muito durante a carreira de jardineira e paisagista, nos cursos que fiz, na minha experiência cuidando de plantas, desde pequena.

Nesse capítulo, vou passar dicas incríveis para facilitar sua vida na jardinagem. Aquelas "dicas de ouro" que ninguém conta. Coisas que só conto para meus **alunos joaninhas**.

Adubação em EXCESSO é causa de doenças e até morte da planta, mesmo a orgânica. Equilíbrio, sempre.

Tenha o hábito de guardar matéria orgânica para adubar suas plantas.
Casca de legumes, frutas, casca de ovo, folhas secas, etc.
Que tal misturar com terra e fazer uma mini composteira em casa? Nunca coloque alimentos não decompostos direto no jardim.

Sabia que, hoje em dia, a melhor forma de divulgar o seu trabalho é no DIGITAL?
Tenha suas páginas nas redes sociais e atraia clientes de todas as partes!

Sabe qual é a PRIMEIRA coisa com a qual um jardineiro profissional se preocupa?
Segurança no trabalho.
Use luvas, óculos de proteção, boné, botas e filtro solar!

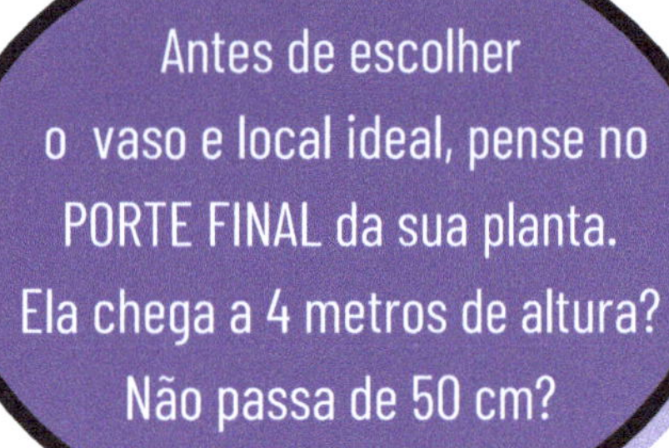

As grandes lojas de plantas infestam as plantas de fertilizantes, pesticidas e fungicidas químicos para que elas fiquem bonitas até a hora que você compra. Preste atenção e evite comprar plantas velhas ou com muitas flores.

Para precificar o seu trabalho, leve em consideração o preço da planta, do vaso, da terra, das pedras, do adubo, da sua hora de trabalho, seu conhecimento, divulgação, aluguel, o combustível, o deslocamento, a embalagem e a entrega. Isso tudo é GASTO, não lucro.

PLANTAS DO LADO DE DENTRO

PLANTAS DO LADO DE DENTRO

Essas são imagens das casas consideradas as mais bonitas e caras do mundo.

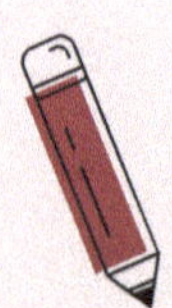 ALÉM DE CARAS, O QUE ESSAS CASAS TEM EM COMUM?

____

____

Sabe o que todas essas casas têm em comum? A presença de vegetação. Hoje em dia, moramos em grandes cidades, poluídas, cheias de carros, com uma rotina corrida e vivemos sem tempo. Porém, o período de pandemia mundial, momento histórico que antes, só era estudados em livros de história, mudou um pouco o cenário.

O paisagismo e a jardinagem ganharam destaque. A busca pela saúde, bem-estar mental e físico foi colocado em primeiro lugar. As pessoas precisaram trazer a harmonia e paz para dentro de suas casas.

E qual a melhor forma de melhorar o ambiente em que vivemos? A compra de plantas e pesquisas sobre "como cuidar de plantas em casa", nunca estiveram tão em alta.

Mas quais são as melhores plantas para dentro de casa? Há limites? Quais cuidados devo ter? Antes, vamos fazer um teste.

QUAIS AS CARACTERÍSTICAS DAS PLANTAS PARA DENTRO DE CASA?

A. ☐ ☐ PLANTAS DE SOL PLENO.

B. ☐ ☐ PLANTAS TÓXICAS.

C. ☐ ☐ PLANTAS RESISTENTES À AR CONDICIONADO.

D. ☐ ☐ PLANTAS DE ALTA MANUTENÇÃO.

E. ☐ ☐ PLANTAS DE LUZ INDIRETA.

F. ☐ ☐ PLANTAS FÁCEIS DE CUIDAR.

G. ☐ ☐ PLANTAS DE GRANDE PORTE.

H. ☐ ☐ PLANTAS TREPADEIRAS.

I. ☐ ☐ PLANTAS QUE SE ADAPTAM Á DIFERENTES TIPOS DE CLIMA.

 C - E - F - I

PLANTAS DO LADO DE DENTRO

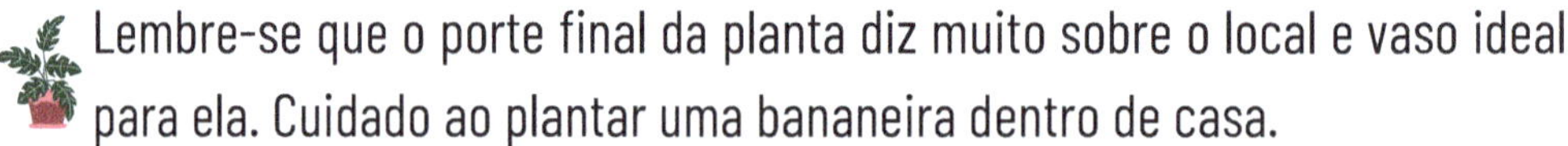 As plantas para dentro de casa devem ser de meia sombra. As de sol pleno podem sofrer com a iluminação indireta, estiolar e até morrer.

Evite o uso de plantas tóxicas dentro de casa, onde há um risco maior de contato com animais e crianças pequenas.

A maioria das pessoas que buscam plantas para dentro de casa querem praticidade. Procure plantas de fácil cultivo, para quem não tem muito tempo.

Existem plantas mais resistentes à vento e ar seco. Essas são ideais para escritórios, shoppings e casas com ar condicionado.

 Lembre-se que o porte final da planta diz muito sobre o local e vaso ideal para ela. Cuidado ao plantar uma bananeira dentro de casa.

Plantas para dentro de casa, geralmente, são mais fáceis de cuidar. Isso não quer dizer que não precisam de regas, podas, adubação e atenção.

 As melhores plantas para ambientes internos são as de vaso, de pequeno e médio porte.

Plantas pendentes também são ótimas para prateleiras e estantes. Plantas trepadeiras e de grande porte precisam de mais espaço para crescer.

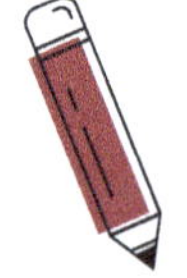

QUAIS PLANTAS QUE VOCÊ CONHECE SE ENCAIXAM NA DESCRIÇÃO ACIMA?

ZAMIOCULCA

Minha planta de sombra queridinha. Luz indireta, regas espaçadas, solo bem drenável. A mais resistente da lista.

HABITAT NATURAL TANZÂNIA, ÁFRICA
BIOMA DE ORIGEM TROPICAL
PLANTA TÓXICA SIM
NOME CIENTÍFICO ZAMIOCULCAS ZAMIIFOLIA

PALMEIRA RÁFIS

Planta ótima para escritórios, pois requer poucos cuidados e é resistente à ar condicionado. Embora resista ao clima seco, é importante borrifar água nas folhas, para que não queimem.

HABITAT NATURAL CHINA, ÁSIA
BIOMA DE ORIGEM TEMPERADO
PLANTA TÓXICA NÃO
NOME CIENTÍFICO RHAPIS EXCELSA

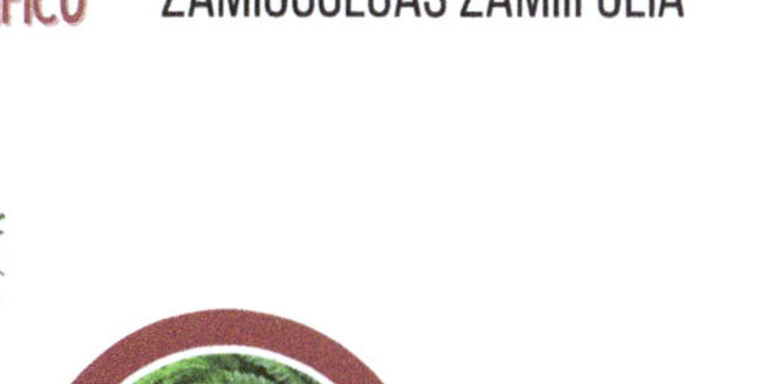

SAMAMBAIA

A samambaia havaiana aprecia umidade e regas frequentes. Cuidado com o sol forte e vento, que prejudicam a umidade e queimam suas folhas.

HABITAT NATURAL AMÉRICA DO SUL
BIOMA DE ORIGEM FLORESTA TROPICAL
PLANTA TÓXICA SIM
NOME CIENTÍFICO NEPHROLEPIS EXALTATA

ANTÚRIO

Planta resistente e boa pra quem não tem muito tempo. Precisa de luminosidade indireta e umidade alta.

HABITAT NATURAL AMAZÔNIA
BIOMA DE ORIGEM FLORESTA AMAZÔNICA
PLANTA TÓXICA SIM
NOME CIENTÍFICO ANTHURIUM

PERCEBEU ALGUMA SEMELHANÇA ENTRE AS PLANTAS PARA DENTRO DE CASA?

OBSERVANDO AS CARACTERÍSTICAS DO HABITAT NATURAL: GOSTAM DE UMIDADE, LUZ INDIRETA, FÁCIL CULTIVO.

VIOLETA

Quem nunca ganhou uma violeta de presente? Mas, o segredo está em fazer ela florir novamente. Luz e umidade.

HABITAT NATURAL   TANZÂNIA, ÁFRICA
BIOMA DE ORIGEM   TROPICAL
PLANTA TÓXICA   SIM
NOME CIENTÍFICO   SAINTPAULIA IONANTHA

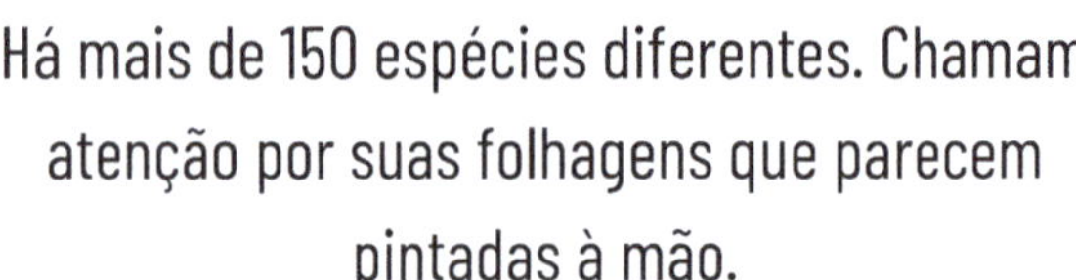

CALATHEA

Há mais de 150 espécies diferentes. Chamam atenção por suas folhagens que parecem pintadas à mão.

HABITAT NATURAL   AMÉRICA DO SUL
BIOMA DE ORIGEM   FLORESTA TROPICAL
PLANTA TÓXICA   NÃO
NOME CIENTÍFICO   CALATHEA (VÁRIAS ESPÉCIES)

LÍRIO DA PAZ

Outra planta fácil de cuidar, que aprecia luz indireta e umidade.
O sol forte queima suas folhas.

HABITAT NATURAL   AMÉRICA DO SUL
BIOMA DE ORIGEM   FLORESTA TROPICAL
PLANTA TÓXICA   SIM
NOME CIENTÍFICO   SPATHIPHYLLUM WALLISII

ESPADA DE S. JORGE

Muito prática e versátil, é encontrada em muitos lugares. Mas, para que fique realmente bonita não deve ficar sob o sol.

HABITAT NATURAL   OESTE DA ÁFRICA
BIOMA DE ORIGEM   TROPICAL
PLANTA TÓXICA   SIM
NOME CIENTÍFICO   SANSEVIERIA TRIFASCIATA

PRA QUE SABER O NOME CIENTÍFICO DE UMA PLANTA?

Em diferentes regiões, as plantas ter diversos nomes populares, o que pode causar confusão. Também existem diferentes espécies, em uma família.
Exemplo: Samambaia americana, renda francesa, havaiana, etc.
Além disso, é a melhor forma de pesquisar habitat natural e toxidade em sites em inglês.

PLANTAS DO LADO DE FORA

CAPÍTULO 7
PLANTAS DO LADO DE FORA

Essas são imagens de jardins famosos ao redor do mundo.

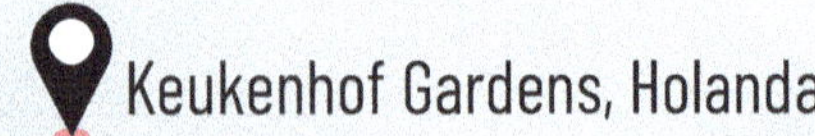

Keukenhof Gardens, Holanda

Kirstenbosch National Botanical Garden, África do Sul

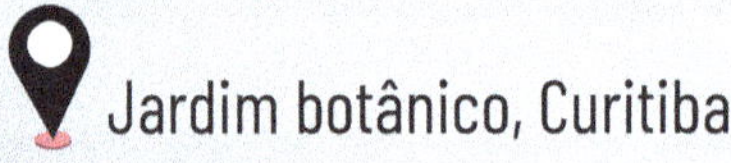

Jardim botânico, Curitiba

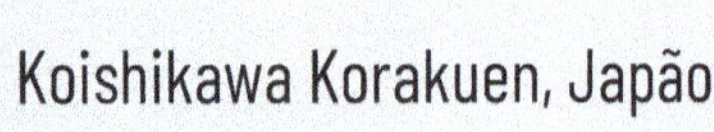

Koishikawa Korakuen, Japão

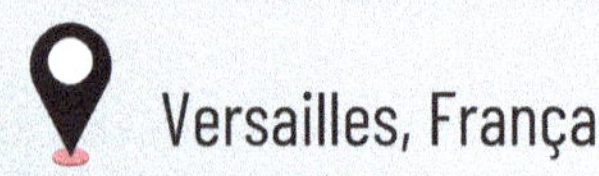

Versailles, França

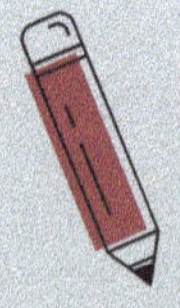

E NESTAS FOTOS, CONSEGUE IDENTIFICAR ALGO EM COMUM?

Ah, o ar livre! Ao analisar as fotos da página anterior, é possível ver o colorido e a diversidade de espécies que só a natureza sabe fazer. Plantas com flores vistosas, cores vibrantes, portes grandes, árvores, arbustos, hortaliças, plantas de climas áridos, como suculentas e cactos. A maioria dessas plantas se adaptam melhor em ambientes externos, com incidência de luz solar, chuva, vento e tudo o que a natureza tem a oferecer. Mas, isso não quer dizer que elas não precisam da **atenção dos jardineiros**. Cada uma tem suas características e cuidados específicos.

Agora, observe novamente as fotos dos jardins mais famosos do mundo. Escolhi estes, para chamar atenção para um detalhe muito importante na jardinagem: Cada jardim é composto por **plantas nativas do país**.

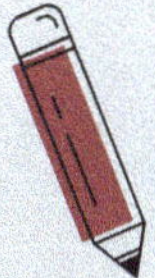
SERIA POSSÍVEL CRIAR UM JARDIM DE TULIPAS, AO AR LIVRE, AQUI NO BRASIL?

____

____

____

VAMOS FALAR DE TULIPAS?

Tulipas são originárias da Turquia, mas, foi na **Holanda** que ganharam fama. Hoje, os holandeses são os maiores produtores e exportadores de tulipas no mundo.

Não é à toa que a Holanda é conhecida por seus imensos campos e jardins de tulipas, de todas as cores.

Mas como é o clima na Holanda? Chuvas constantes, frio e verão que chega a no máximo 26°C. Eles consideram um clima agradável e **"nem tão frio assim"** a média de 2°C a 5°C. Nada agradável para nós, brasileiros, que já estaríamos congelando.

A cidade de Holambra (SP), maior produtora de tulipas no Brasil, mantém os bulbos da tulipa conservados em câmaras com temperatura à -2°C. As floriculturas mantém as mudas em câmaras geladas, até a hora de vender.

Depois de comprar uma, é aconselhável colocar pedras de gelo, para conservá-la.

Deu pra entender porque um jardim de tulipas no **calor** do Brasil não daria certo?

Lembre-se que é necessário recriar as condições do habitat natural, para o desenvolvimento de uma espécie.

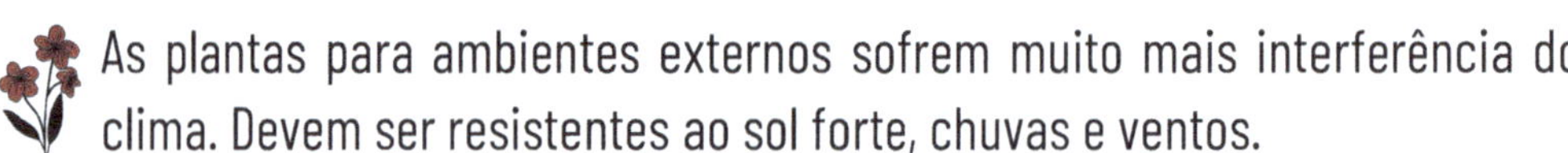
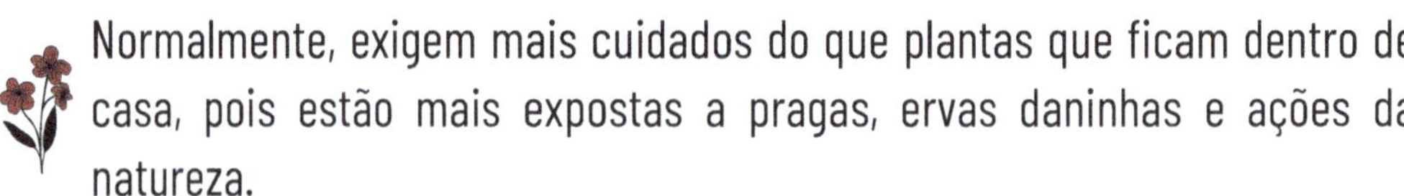

PLANTAS DO LADO DE FORA

As plantas para ambientes externos sofrem muito mais interferência do clima. Devem ser resistentes ao sol forte, chuvas e ventos.

Normalmente, exigem mais cuidados do que plantas que ficam dentro de casa, pois estão mais expostas a pragas, ervas daninhas e ações da natureza.

Nem todas as plantas de ambiente externo gostam de sol forte ou chuvas intensas. Conheça cada uma e suas características.

Inverno e frio? Algumas plantas não suportam o frio e precisam ser protegidas.

Vai criar um jardim ou quer decorar sua casa? Prefira as plantas nativas do local. A adaptação será mais fácil, ao favorecer o ecossistema da região.

Quer usar plantas de outro país? Nada impede um jardineiro de usar plantas não nativas, porém os cuidados devem ser maiores, criando condições ideais.

As plantas para ambiente externo podem ser desde as menores, até de grande porte.

Você pode criar jardins em vasos, com canteiros, maciços de vegetação, palmeiras, arbustos e muito mais. Não há limites para um jardineiro inspirado.

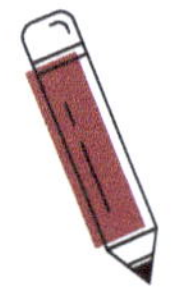

QUAIS PLANTAS QUE VOCÊ CONHECE SE ENCAIXAM NA DESCRIÇÃO ACIMA?

AUMENTE SEU REPERTÓRIO

BUXINHO

Essa é a queridinha dos paisagistas, pois pode ser usada para barreiras, marcar caminhos, maciços, é fácil de cuidar e é possivel criar várias formas, com poda.

HABITAT NATURAL ÁSIA, EUROPA
BIOMA DE ORIGEM FLORESTA TEMPERADA
PLANTA TÓXICA SIM
NOME CIENTÍFICO BUXUS SEMPERVIRENS

CRÓTON

Esta planta possui folhagens de um colorido único. Precisa de sol, na maior parte do dia. Está sendo cada vez mais usada em comércios, por ser prática e resistente.

HABITAT NATURAL INDONÉSIA, AUSTRÁLIA
BIOMA DE ORIGEM CAMPOS
PLANTA TÓXICA SIM (SEMENTES)
NOME CIENTÍFICO CODIAEUM VARIEGATUM

PALMEIRA CICA

As palmeiras, em geral, são perfeitas para ambientes externos. A Cica precisa de sol, mas se adapta à sombra. Se destaca por seu tamanho mais compacto, pode até ser plantada em vasos.

HABITAT NATURAL SUL DO JAPÃO, CHINA
BIOMA DE ORIGEM FLORESTA SUBTROPICAL
PLANTA TÓXICA SIM (SEMENTES E RAÍZES)
NOME CIENTÍFICO CYCAS REVOLUTA

PALMEIRA LEQUE

Mais uma palmeira para a lista. Suas folhas tem formato de leque, o que a diferencia das outras. Precisa de bastante sol, mas se adapta em meia sombra. Não suporta ventos fortes.

HABITAT NATURAL SUDOESTE DA ÁSIA
BIOMA DE ORIGEM FLORESTA SUBTROPICAL
PLANTA TÓXICA NÃO
NOME CIENTÍFICO LICUALA GRANDIS

O QUE É SUBTROPICAL?

É uma transição do clima tropical para o temperado, com verão quente e inverno frio.
Por isso, as duas palmeiras da lista se adaptam tão bem ao sol e à sombra, ao contrário de outras espécies que precisam de sol o tempo todo, como a Coco-babão (Syagrus flexuosa).

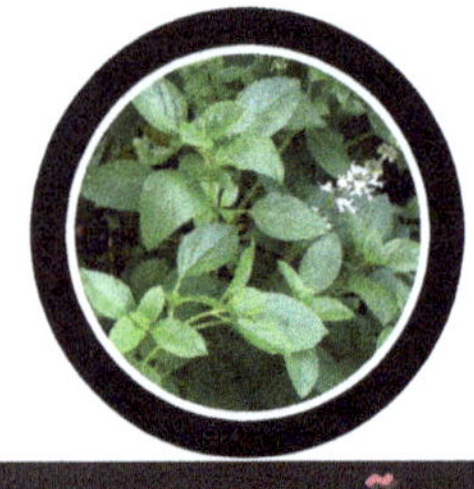

MANJERICÃO

Quer ter uma horta em casa? Saiba que ela precisa de sol e regas frequentes!
O melhor lugar para ela é do lado de fora, mas nada impede de ter uma dentro de casa, se estiver perto da janela.

HABITAT NATURAL ÁSIA, ÁFRICA
BIOMA DE ORIGEM SAVANA TROPICAL
PLANTA TÓXICA NÃO
NOME CIENTÍFICO OCIMUM BASILICUM

ROSA DO DESERTO

Esta planta precisa de sol, calor e pouca água. Com frio e vento ela perde suas folhas e entra em dormência. As flores são lindas e de várias cores.

HABITAT NATURAL ILHAS DE SOCOTRA (ÁFRICA)
BIOMA DE ORIGEM SAVANA
PLANTA TÓXICA SIM (SEIVA)
NOME CIENTÍFICO ADENIUM OBESUM

AGAVE

Esta é pra quem tem jardim grande. Existem diferentes espécies de Agave, que deixam qualquer jardim espetacular.
Precisam de sol constante e pouca água.

HABITAT NATURAL MÉXICO
BIOMA DE ORIGEM DESERTO
PLANTA TÓXICA SIM
NOME CIENTÍFICO AGAVE (DIVERSAS ESPÉCIES)

JUNQUILHO

Chamado também de Lírio-da-chuva, exatamente por sua flor se parecer com a do Lírio, mas esta espécie aprecia sol e água.
As flores possuem diversas tonalidades e são muito delicadas.

HABITAT NATURAL ÁSIA CENTRAL
BIOMA DE ORIGEM FLORESTA TEMPERADA
PLANTA TÓXICA SIM
NOME CIENTÍFICO NARCISSUS JONQUILLA

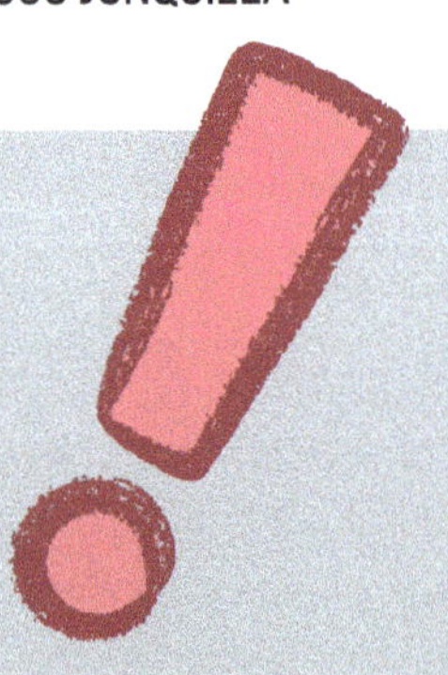

QUE TAL SER UM JARDINEIRO PAISAGISTA?

Sabia que você já tem conhecimento suficiente para fazer um pré-projeto de paisagismo? Escolha um espaço vazio, anote as características de luz, sombra, vento, chuva e clima. Depois, proponha algumas plantas para o lugar, levando tudo isso em consideração.
Esse é primeiro passo de um projeto paisagístico!

FLORES, FLORES!

CAPÍTULO 8
FLORES, FLORES!

Esse é o capítulo mais colorido e cheiroso deste livro. Elas são lindas, possuem diferentes formas, perfume e cores para atrair polinizadores, mas não é só isso: são os órgãos reprodutores da planta.

COMO OCORRE A REPRODUÇÃO DAS PLANTAS?

A natureza é tão sábia que encontramos os dois órgãos reprodutores, masculino e feminino, em uma só flor. A parte feminina da planta, o ovário, é chamada de **Gineceu**. A órgão masculino é o pólem, chamado de **Androceu**.

E como o Androceu chega até o Gineceu?

Pelo vento ou pela ação de **agentes polinizadores**, como abelhas, vespas, borboletas, besouros, pássaros e morcegos. Pousando na flor, em busca de alimento, esses polinizadores se enchem de pólem, espalhando-o para outros lugares.

Da fecundação dos órgãos reprodutores, nascem sementes, essas sementes caem no chão e nascem novas plantas. Um ciclo perfeito.

FLORAÇÃO

Já comprou uma planta linda e florida e ela nunca mais deu flor? Acontece com o melhor dos jardineiros. Mas, é importante seguir algumas técnicas para garantir floração todos os anos. Primeiro, vamos ver quais são os fatores que impedem a floração.

PRAGAS

Pragas são sinais de que algo não vai bem com sua planta. Além disso, elas sugam as energias necessárias para floração.

FALTA DE LUZ

A maior causa de plantas que não florescem é a iluminação inadequada. Luz em abundância é a chave para flores todos os anos.

FALTA DE PODA

As plantas distribuem suas energias para todas as suas partes. Se não há poda, a força necessária para floração vai sendo levada para folhas velhas e secas.

FALTA DE ADUBAÇÃO

As plantas precisam de nutrientes para floração, principalmente fósforo.

ÉPOCA DE FLORAÇÃO

Há plantas que florescem apenas na primavera, outras no outono, outras o ano todo. Conheça a época de floração de cada uma para saber a hora certa de adubar e podar.

DESIDRATAÇÃO

Sem rega, não há flores. A água é responsável pela fotossíntese, hidratação e absorção de nutrientes.

TEMPERATURA

Temperaturas muito altas, ou muito baixas, impedem a floração.

Já se perguntou por que a primavera é a estação das flores? Isso acontece pois essa época do ano tem as condições de clima, luz e chuvas que estimulam a floração.

Entretanto, não é só na primavera que devemos tomar alguns cuidados. Para garantir a floração todos os anos, **conheça as características de cada estação** e o que cada uma pede:

A primavera é a época que mais favorece o **crescimento das plantas**. É época para podas (se não forem feitas no inverno), adubação, cultivo de novas plantas e aumento na frequência de regas.

No verão, as plantas são mais expostas ao sol forte, podendo sofrer **queimaduras**. Evite regar as plantas sob o sol e vale protegê-las também.

No outono, as folhas começam a perder um pouco de sua coloração, pois estão concentrando suas energias, para aguentar o frio do inverno. É a época perfeita para **poda das folhas secas e velhas**. Coloque suas plantas em um local mais iluminado.

De fato, o inverno tropical não é tão severo quanto o inverno de países do hemisfério norte. Não há neve, nem temperaturas abaixo de zero. Mas, mesmo assim, o sol mais fraco e as temperaturas baixas, são um chamativo para **pragas e fungos**. Deixe suas plantas mais próximas à luz e faça uma boa poda.

Um dos principais fatores para floração é o fotoperiodismo. A quantidade de horas em que uma planta recebe luz, contra a quantidade de horas de noite.
Na primavera, esses dois períodos são iguais, 12h / 12h, o que é o ideal.

A adubação é essencial para a floração.
Alguns nutrientes, como o fósforo, são os principais agentes que fazem a planta produzir flores. Eles podem ser facilmente encontrados em adubos orgânicos, como a farinha de osso.

É importante hidratar corretamente suas plantas. Sempre que o solo estiver completamente seco, regue em abundância. Algumas plantas preferem terra úmida, outras aguentam um período de seca maior. Mas, todas precisam de irrigação.

As podas são essenciais para floração. Mas, devem ser feitas no momento certo. Após a floração, deve ser feita uma poda geral. Nas outras estações, devem ser feitas podas das folhas velhas e secas, e para a entrada de sol, caso necessário.

IPÊ, A FLOR DO BRASIL

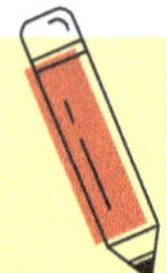

É impossível falar sobre flores, sem citar a flor considerada símbolo do Brasil: o Ipê Amarelo.

Espécie nativa do cerrado, sua floração é espetacular, geralmente no fim do inverno. Pode ser amarela, roxa, rosa ou branca.

QUAIS SÃO AS SUAS FLORES FAVORITAS? PESQUISE TAMBÉM O HABITAT NATURAL DELAS!

ÁRVORES FRUTÍFERAS

CAPÍTULO 9
ÁRVORES FRUTÍFERAS

Já pensou em ter sua própria produção de frutas em casa? Na calçada, no fundo do quintal, até em vasos na varanda! Neste capítulo, você vai aprender sobre os cuidados com árvores frutíferas.

É possível cultivar qualquer árvore frutífera em casa, desde que sejam criadas as condições **ideais para seu desenvolvimento**.

Acredite, o espaço é o menor dos problemas. O que você precisa mesmo é de iluminação abundante. Você pode enxertar árvores para cultivar árvores menores em seu jardim e até mesmo em vasos. No entanto, ainda será uma árvore e exigirá a mesma quantidade de luz e irrigação que uma árvore de tamanho normal exigiria.

REGRAS BÁSICAS DE CULTIVO

 As regas devem ser frequentes no clima quente e longe dos horários de sol forte.

 As árvores frutíferas devem receber sol na maior parte do dia.

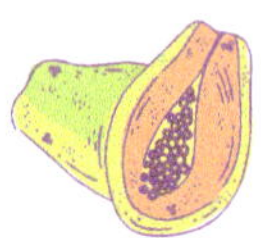 Não use nenhum tipo de produto químico. Pesticidas e adubação orgânica.

 Dê preferência à vasos de cerâmica, com espaço de sobra para sua árvore.

 Procure mudas enxertadas de bons produtores.

DRENAGEM

O vaso que você escolher deve ter furos e uma boa camada de drenagem. Use argila expandida, pedriscos, manta de drenagem para uma boa escoação da água.

Não cometa o erro de plantar sua árvore em vasos sem furos. Lembre-se de que as regas são quase diárias (de acordo com as condições do ambiente) e as chances de encharcá-la são altas.

ADUBAÇÃO

A adubação deve ser feita frequentemente. Dê sempre preferência para adubos orgânicos. Uma adubação rica em potássio favorece a frutificação.

Mas, nada de exageros. O excesso de adubação mata uma planta mais rápido do que a falta dela.

ILUMINAÇÃO

Árvores frutíferas são de sol pleno. Logo, o lugar ideal para ela é do lado de fora de casa, no local mais ensolarado que você encontrar.

Sua casa não tem um bom lugar para ela? Invista em outro tipo de planta, ou árvores frutíferas que aceitam um local mais sombreado, como amoras, framboesas ou morangos.

VASO

Saiba o porte final da sua árvore para a escolha do vaso. Uma laranjeira pede um vaso maior do que um pé de morangos.

Nessa lógica, um abacateiro precisa de um vaso maior do que uma laranjeira.

Lembre-se de que as árvores enxertadas anãs não crescem tanto quanto as semeadas, e são indicadas para o plantio em vasos.

FRUTAS

O que posso plantar? Qualquer fruta! Conheça a época de floração e frutificação da sua árvore, plante-a na época certa e prepare-se para colher frutos na sua casa. Conheça bem o clima em que ela se adapta melhor, também.

Recomendo as árvores enxertadas, que darão frutos dentro de um ano. Árvores semeadas levam muitos anos até chegarem à fase adulta e dar frutos.

ÁRVORES FRUTÍFERAS DE GRANDE PORTE

CAPRICHA NESSE VASO, HEIN?

- Abacateiro
- Mangueira
- Goiabeira
- Bananeira

ÁRVORES FRUTÍFERAS DE MÉDIO PORTE

IDEAIS PARA VARANDAS E QUINTAIS.

- Laranjeira
- Limoeiro
- Amoreira
- Pitangueira
- Jabuticabeira
- Aceroleira

ÁRVORES FRUTÍFERAS DE PEQUENO PORTE

CABE EM QUALQUER LUGAR!

- Pereira
- Pé de morango
- Pé de blueberry (mirtilo)
- Maracujazeiro (você só precisa de um tutor para que ele cresça, pois se torna uma trepadeira)

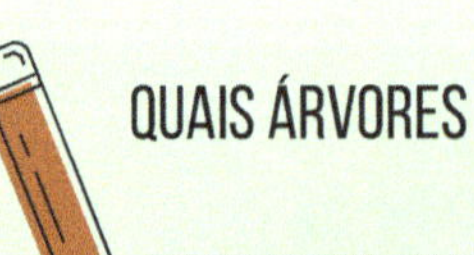

QUAIS ÁRVORES FRUTÍFERAS VOCÊ GOSTARIA DE CULTIVAR?

____

____

URBAN JUNGLE

Se você gosta de plantas, o que é obvio se está lendo este livro, já ouviu falar neste termo em inglês para "selva urbana", a *Urban Jungle*.

Essa tendência vem da falta de espaços verdes e abertos nas grandes cidades, onde o ser humano precisou encontrar uma forma de trazer a natureza para mais perto.

Não é a toa que o grande fluxo de pessoas na época das férias é em direção à praia ou campo e, não o contrário. Quem quer passar seus dias de folga no trabalho olhando para prédios e fábricas?

Mas, este fenômeno não é por acaso. Antes das grandes civilizações, o ser humano vivia em meio a natureza e, mesmo após todo o processo de evolução e globalização, essa relação ainda está instalada em nosso DNA.

Estar conectado com o verde está em nossa **essência**. Por isso, nos sentimos calmos, relaxados e acolhidos, com a menor presença do natural em nosso ambiente. Nos traz o sentimento de estar em casa.

MAS O QUE É URBAN JUNGLE?

Há grandes chances de que você conheça alguém que comprou um vaso de planta para a sala, e meses depois sua casa se parece com uma floresta.

A necessidade humana de estar cercado de verde tornou essa tendência cada vez mais forte entre paisagistas, jardineiros e donos de plantas.

A cada dia que passa, moramos em casas cada vez menores, com quintais pequenos ou até inexistentes. A solução é criar espaços verdes dentro de quatro paredes.

Vasos de todos os tamanhos, jardineiras, prateleiras, grades e painéis. Vale tudo para criar a sua própria selva urbana.

QUEM DISSE QUE UM ESPAÇO PEQUENO DENTRO DE CASA NÃO PODE TER VEGETAÇÃO?

MONTE A SUA URBAN JUNGLE

 Sempre escolha espécies que se adaptem ao seu tipo de ambiente. Não adianta plantar uma palmeira de sol pleno em um quarto sem luz natural. Folhagens são mais indicadas para uma *urban jungle* do que flores, pois sua manutenção é mais simples.

 Vasos de diferentes tamanhos e tons de cores sempre fazem combinações interessantes.

 Escolha vasos e suportes que combinem com sua decoração. Há diversos de modelos e materiais. Cimento, cerâmica, vidro, madeira, plástico, polietileno, as opções são inúmeras.

 Tente recriar ao máximo o habitat natural da vegetação escolhida. No geral, plantas tropicais ficam na sombra, enquanto as de clima árido vão precisar de mais sol.

 Procure colocar suas plantas no espaço que você mais usa. Assim, além de torná-lo mais aconchegante, você não esquece de regá-las.

 Jardins verticais são uma ótima escolha para quem não tem espaço. Prateleiras, suportes de parede, grades, painéis, treliças e telas podem ser usados para criar um jardim vertical amador.

Quer algo mais sofisticado? Um paisagista pode projetar um jardim auto irrigável, tornando sua *urban jungle* ainda mais agradável.
Afinal, esta é a ideia de uma selva urbana. Trazer a natureza para perto daqueles que não tem muito tempo.

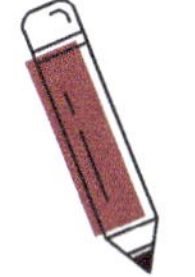

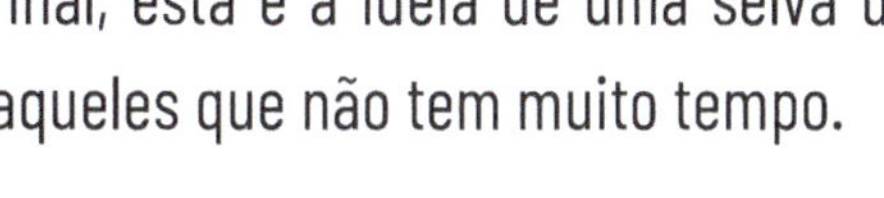

HORTA EM CASA

CAPÍTULO 11
HORTA EM CASA

Já reparou como os alimentos orgânicos são bem mais caros nas prateleiras dos supermercados?

Produtos frescos, cultivados sem o uso de agroquímicos, agrotóxicos, adubados organicamente e de maneira sustentável são muito mais saudáveis e de melhor qualidade.

O número de pessoas que buscam um modo de vida mais orgânico cresce a cada dia. Esse é um excelente motivo para quem gota de plantas, cultivar seu próprio alimento em casa e começar uma horta.

Se engana quem pensa que é preciso muito espaço e técnica para cultivar uma horta. Tudo pode ser cultivado, desde que esteja em um lugar adequado: Muito sol e ventilação natural.

Desde vasos na parede, até canteiros no chão, há inúmeras possibilidades para uma horta, dos mais variados tamanhos.

Escolha o lugar mais ensolarado da sua casa, alguns vasos, de no **mínimo 20 centímetros**, plante algumas mudas das suas ervas preferidas, regue diariamente e veja sua horta se desenvolver. Prático e descomplicado.

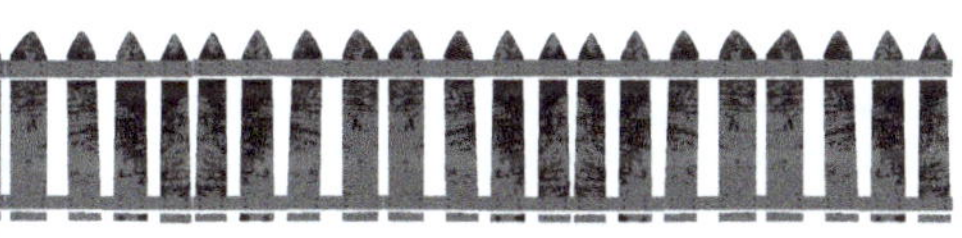 ## O QUE TER NA HORTA 

 ERVAS MEDICINAIS
PLANTAS COMESTÍVEIS
ERVAS AROMÁTICAS
ÁRVORES FRUTÍFERAS
TEMPEROS
LEGUMES
VERDURAS
FRUTAS

❌ PLANTAS TÓXICAS

EM VASOS

Não tem espaço? Com vasos a partir de 2 centímetros você já pode cultivar ervas e temperos. Que tal colocá-los na janela?

NÃO PODE FALTAR MANJERICÃO, ALECRIM, SALSA, CEBOLINHA, PIMENTA, HORTELÃ.

EM JARDINEIRAS

Hortaliças maiores pedem mais espaço, isso não significa que você não pode plantá-las em jardineiras. Há diversos modelos e materiais.

NÃO PODE FALTAR MORANGO, ALFACE, COUVE, LAVANDA, TOMATE.

NO CHÃO

Quer ter uma horta maior, com árvores frutíferas e hortaliças variadas? Se tiver espaço, opte por cultivar sua horta no solo, onde ela poderá se desenvolver.

NÃO PODE FALTAR BATATA, MARACUJÁ, CENOURA, ÁRVORES FRUTÍFERAS.

EM CANTEIROS

Os canteiros também oferecem mais espaço, mas não precisam estar no chão. Você pode construir um canteiro suspenso e encher de terra. Ideal para quem tem animais que amam destruir suas plantações, pois pode ser alto ou cercado.

GOSTA DE RECICLAGEM?

Para os mais sustentáveis, é possível criar hortas reaproveitando garrafas de plástico vazias, caixotes de feira e até rolo de papel higiênico. Use a sua imaginação!

SOL OU SOMBRA?

CAPÍTULO 12
SOL OU SOMBRA?

Essa é a primeira pergunta que você faz quando compra uma planta nova na loja de jardinagem. "Essa é de sol ou de sombra?"

Ao final deste capítulo você vai saber onde colocar sua planta e qual tipo de iluminação ela precisa para se desenvolver.

Antes de entender mais sobre o assunto, você sabe quais **problemas** podem surgir com uma iluminação inadequada?

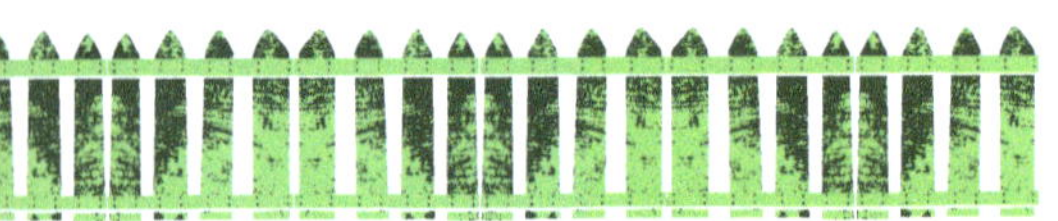 VAMOS FAZER UM TESTE? 

Qual dos problemas abaixo tem relação direta com iluminação e incidência solar?

A. ☐☐ FOLHAS ESBRANQUIÇADAS E PÁLIDAS.
B. ☐☐ FOLHAS MURCHAS.
C. ☐☐ ESTIOLAMENTO E CRESCIMENTO ACELERADO.
D. ☐☐ SOLO COMPACTADO.
E. ☐☐ FOLHAS QUEIMADAS.
F. ☐☐ FOLHAS ENROLADAS.
G. ☐☐ EXCESSO DE FOLHAS MORTAS.
H. ☐☐ FUNGOS E PRAGAS.
I. ☐☐ FALTA DE FLORES E FRUTOS.

✓ A - C - E - H - I

FUNGO
FALTA DE LUZ

FUNGO
FALTA DE LUZ

FOLHAS PÁLIDAS
FALTA DE LUZ

FOLHAS MORTAS
EXCESSO DE LUZ

ESTIOLAMENTO
FALTA DE LUZ

CRESCIMENTO ACELERADO
FALTA DE LUZ

COCHONILHAS
FALTA DE LUZ

FOLHAS QUEIMADAS
EXCESSO DE LUZ

VAMOS RELEMBRAR?

Como vimos no capítulo de identificação de doenças, as folhas dão vários sinais sobre a saúde da planta.

Ao lado, vemos exemplos de vegetação que receberam **quantidades inadequadas de luz**.

A ausência de luz natural interfere diretamente na fotossíntese e produção de clorofila, o que dá o pigmento verde às folhas, deixando-as pálidas e sem vida.

Esse também é um grande motivo do aparecimento de pragas e fungos, que se multiplicam mais facilmente em ambientes sombreados. A falta de luz faz com que as plantas produzam menos energia, se tornando mais fracas e suscetíveis ao ataque de doenças. Tal enfraquecimento também é a razão pe-la qual sua planta nunca dá flores ou frutos.

Mas, se engana que pensa que deixar a planta sob o sol direto resolve todos estes problemas. O **excesso** de incidência solar também pode prejudicar as planta mais sensíveis, que logo vão apresentar folhas amarronzadas, queimadas e secas.

Vamos fazer um exercício? Você vai ver como é simples escolher o local ideal para cada planta. Imagine que você foi a uma loja de jardinagem e comprou duas plantas novas:

Uma muda de **Costela-de-Adão** e um vaso de **Gerânio,** foi isso o que você comprou na loja de jardinagem. Agora você está em casa e não faz ideia se essas são plantas de sol ou de sombra.

Antes de pesquisar na internet e ser bombardeado de informações, que nem sempre são corretas, leia este capítulo e decida onde vai colocar suas novas plantas, depois.

1 SOL PLENO

A plantas de sol pleno, em sua maioria, tem folhas mais claras e coloridas, apresentam floração visível e exuberante e tem como habitat natural lugares quentes e ensolarados, como a savana, deserto ou climas temperados.

O que são plantas de sol pleno

Plantas que devem ficar expostas a raio solares diretos por 6 ou mais horas diariamente e não se adaptam a lugares sombreados.

Esse tipo de vegetação é ideal para áreas externas e jardins, mas também se adapta bem em janelas ou varandas.

Fique atento se sua planta está recebendo raios solares diretos na maior parte do dia ou apenas luz. Caso veja sinais, vá expondo-a cada vez mais ao sol, até encontrar o local ideal.

MEIA SOMBRA ②

Plantas que devem ficar expostas a raio solares fracos por 4 horas e luz indireta pelo resto do dia.

As plantas de meia sombra são aquelas que se adaptam tanto em ambientes externos, quanto internos.

Geralmente são nativas de climas temperados, não tão extremos. Por isso, não devem ficar sob o sol quente, nem em locais muito escuros.

É importante sempre reparar nos sinais que a planta apresenta, caso precise de mais ou menos luz. Cuidado com aquelas que ficam em cima da mesa de jantar ou penduradas muito próximo ao teto, elas podem não estar recebendo a quantidade de luz que você imagina.

③ SOMBRA

Primeira coisa que você deve saber é: **Não existe vegetação de sombra total**. Com exceção daqueles que habitam no fundo do oceano, todo ser vivo precisa de luz para se desenvolver. Portanto, mesmo as plantas de sombra devem ser expostas aos raios solares fracos da manhã.

Plantas que mais resistentes, que devem ser expostas apenas a raios solares fracos da manhã, por 2 horas.

Lembre-se que sombra não é sinônimo de escuridão e procure um lugar com luz indireta, caso você queira que elas se desenvolvam e floresçam novamente. Vegetação tropical, de coloração escura e outras que estão acostumadas a ambientes úmidos e sombreados são perfeitas para dentro de casa ou espaços embaixo de árvores ou pergolados.

Agora vamos voltar para as duas plantas que você comprou e escolher o lugar ideal para elas? Considere as informações sobre cada planta e o que você aprendeu sobre sol ou sombra.

ONDE VOCÊ COLOCARIA SUAS NOVAS PLANTAS?

A Costela-de-Adão se adapta melhor em 3-4, enquanto o GerÂnio deve ficar entre 1-2.

IRRIGAÇÃO

CAPÍTULO 13

IRRIGAÇÃO

Este é sem dúvida o motivo principal pelo qual suas plantas morrem de uma hora pra outra: **irrigação inadequada.**A regra é que toda vegetação precisa de água para completar todos os seus ciclos e produzir energia, mas em qual quantidade? Você já aprendeu quais os sintomas de regas em excesso ou a falta delas. Agora chegou a hora de saber como regar corretamente.

MANGUEIRA OU REGADOR?

A verdade é que não faz diferença. A questão aqui é praticidade.

Se você tem um grande jardim e plantas de grande porte, não há motivo para regá-las com um copo d'água. Da mesma forma, não faz sentido regar suas plantas que ficam dentro de casa com uma mangueira.

O grande segredo é saber a quantidade de água que cada planta precisa e saber quando parar.

No geral, plantas que ficam expostas ao sol pleno necessitam de regas frequentes, ao passo que plantas de dentro de casa não devem ser regadas mais que duas ou três vezes na semana.

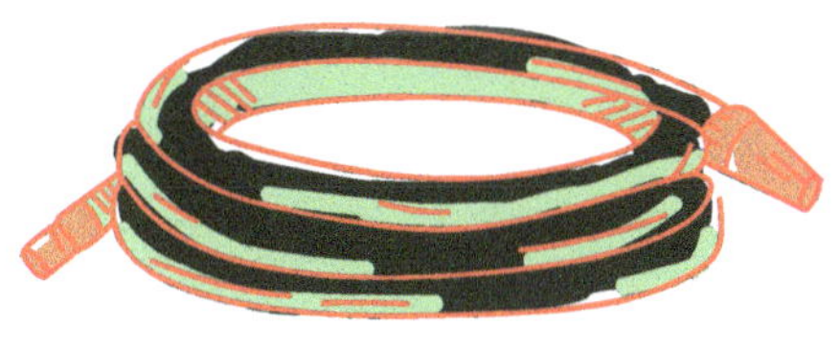

ANOTE AÍ!

Coloque o dedo ou um palito no substrato e veja se ainda está úmido, até você entender a frequência de regas necessária. Se estiver úmido, espere mais alguns dias. Caso esteja seco, regue abundantemente.

VASO SEM FURO PODE?

Como jardineira, devo lhe dizer que não é aconselhável o uso de vasos sem furo ou cachepôs para suas plantas. Especialmente as que ficam na sombra.

Para evitar o acúmulo de água na raiz e, por consequência, o apodrecimento da planta, falta de oxigenação do solo e multiplicação de fungos e pragas, um bom sistema de drenagem é essencial.

Você rega, todo o excesso de água é escoado e sua planta absorve apenas o necessário. O que não acontece em um vaso em furos, onde tudo fica empoçado.

A SOLUÇÃO É SIMPLES!

Se quiser plantar direto naquele cachepô bonito que comprou, faça **furos nele**. Qualquer furadeira ou prego resolve o problema.

Mas, é claro, se optar por não furá-lo (ou se for de vidro), preste muito mais atenção às regas, regando apenas quando o substrato estiver completamente seco e aproxime seu vaso da luz natural.

BORRIFAR OU REGAR?

Borrifar água nas folhas de sua planta **não** é o mesmo que regá-la.

Com o primeiro, você mantém a umidade do ar, evitando o ressecamento e queimadura das folhas, assim como alguns fungos e pragas. Com as regas, você hidrata e garante o funcionamento de todos os sistemas da planta.

Algumas plantas de origem tropical, por exemplo, devem ser borrifadas diariamente, a fim de imitar o clima das florestas tropicais. Ao mesmo tempo, as regas devem ser feitas de acordo com seu costume.

DICA DE JARDINEIRA

As folhagens geralmente apreciam água borrifada em suas folhas.

Plantas como Samambaias, Ráfis, Costela-de-Adão, Jibóia, etc., podem ser borrifadas diariamente. Isso vai evitar aquelas folhas com pontas queimadas, por conta do tempo seco.

MELHOR HORÁRIO?

Afinal, existem ou não um horário do dia melhor para regar suas plantas?

Sim. Longe dos horários de sol forte. Qualquer irrigação próxima do meio dia irá cozinhar as raízes e deixar manchas nas folhas.

O ideal é **regar bem cedo pela manhã**, pois há um dia todo para que o excesso de água seja escoado e evapore.

No final da tarde também é um bom horário para irrigar seu jardim, para quem não tem tempo de fazê-lo pela manhã.

REGAS À NOITE

Regar à noite também é uma boa alternativa para fugir dos horários mais quentes.

Porém, atenção redobrada para o acúmulo de água e umidade em excesso. Essa é a receita para o aparecimento de fungos e pragas.

SOLO

CAPÍTULO 14
SOLO

Escolher o tipo de substrato ideal ou corrigir o solo em que vai cultivar, é habilidade essencial para qualquer jardineiro, amador ou profissional.

É o solo que será responsável por nutrir, fixar e proteger o seu jardim.

A não ser que você prefira hidroponia (cultivo em água), precisa entender quais são os tipos de solo e como criar o melhor substrato para cada planta.

Vamos conhecer quais são os substratos mais encontrados nas lojas de jardinagem e algumas **receitas prontas** para seu jardim.

TIPOS DE SUBSTRATO

ARENOSO

Esse é o substrato ideal para suculentas, hortas e plantas em geral. A terra é misturada com areia, tornando o solo areado e bem oxigenado.

ARGILOSO

Também conhecido como terra marrom ou vermelha. Tem uma alta concentração de argila em sua composição, portanto, retém mais água e contém menos nutrientes.
Não é indicado para plantio e deve ser corrigido.

HÚMUS

Resultado da decomposição de restos orgânicos, **muito rico** em nutrientes. É vendido pronto em loja de jardinagem (não se preocupe, vem sem minhocas).

ESTERCO

Esterco **decomposto** é rico em nitrogênio e ótimo para adubação. Tanto o de gado ou de galinha são ideais para uma mistura de substratos.

VERMECULITA

Além de absorver a **umidade excessiva** do solo, garante a aeração, não deixando que o substrato fique muito compactado.

CALCÁRIO

Além do cálcio, tem nutrientes essenciais para o solo. Pedras dolomitas possuem altas concentrações de calcário, ajudando no controle do **PH do solo**.

CARVÃO

Carvão mineral é ideal para plantas de dentro de casa, pois filtra a água, evita o **apodrecimento** do solo e raízes e previne o aparecimento de fungos.

CASCAS E ROCHAS

Algumas plantas dispensam a terra e são capazes de se fixar e nutrir em **rochas e cascas de árvores**. Como é o caso de algumas orquídeas, por exemplo.

RECEITAS PRONTAS

Você pode encontrar a maioria desses substratos em lojas de jardinagem ou aquários, pois alguns deles são usados para manutenção da água em aquários e terrários.

PARA PLANTAS EM GERAL E HORTAS

VAI USAR OUTRO TIPO DE ADUBO? DIMINUA A QUANTIDADE DE HÚMUS.

- 5 partes de terra vegetal
- 3 partes de areia
- 2 partes de húmus
- 2 partes de carvão vegetal triturado

PARA SUCULENTAS

CUIDADO COM SOLO ARGILOSO E SEM OXIGENAÇÃO.

- 3 partes de areia
- 2 partes de vermeculita
- 2 partes de carvão
- 2 parte de húmus ou esterco
- 1 parte de cascas ou rochas trituradas (conchas, dolomitas, cascas de pinus, etc.)

PARA CORREÇÃO DO SOLO

RETIRE APROXIMADAMENTE 20 CM DO SOLO E MISTURE O NOVO SUBSTRATO ANTES DO PLANTIO!

- 5 partes de terra vegetal
- 5 partes de húmus ou esterco
- 2 partes de calcário

As medidas de cada "parte" citada acima vão depender da quantidade de solo que você necessita. Para um vaso pequeno, 5 xícaras de terra devem ser suficientes. No caso de um canteiro inteiro, pode ser necessário medir em sacos de terra, por exemplo.

TÉCNICAS DE PLANTIO

CAPÍTULO 15
TÉCNICAS DE PLANTIO

Sempre que compramos uma planta nova, alguns cuidados devem ser tomados para que ela se desenvolva corretamente no novo ambiente. Um desses cuidados é o replantio, que nada mais é do que trocar a planta de vaso, dar mais espaço para suas raízes e um novo substrato.

No capítulo anterior. você aprendeu a importância de um substrato aerado e bem nutrido. Além disso, há outras camadas importantes para sua planta, quando pensamos em plantio. Mas, antes de saber como montar o seu vaso, vamos ver quais os **tipos de plantio** você pode fazer.

REPLANTIO

O replantio é necessário quando o vaso já não comporta o tamanho da planta, suas raízes estão apertadas, o velho substrato já está compactado e sem nutrientes.

Ao replantar, tome **cuidado com as raízes** na hora da extração da planta e evite fazer durante a época de floração.

MUDAS

Comprou uma muda já desenvolvida no saquinho ou no vaso? Sempre faça o replantio, para **renovação do substrato** e nutrientes.

BULBO

Algumas plantas como a tulipa e o lírio, por exemplo, se reproduzem novamente a partir de bulbos. Replante-os sempre **após a floração**.

ESTAQUIA

O nome é complicado e pode parecer uma técnica muito difícil. Mas, o conceito da estaquia é bem simples.

A estaquia pode ser feita por meio da folha, caule, hastes ou galhos de uma planta adulta e já desenvolvida. Ao podar um galho, por exemplo, coloque-o para enraizar em água ou terra, até que as raízes estejam com 20cm ou mais. Após o **enraizamento**, a nova muda está pronta para ser plantada em um outro vaso.

Atenção: Nem toda planta é capaz de se multiplicar por estaquia. Mas, é a técnica mais usada por jardineiros para a criação de novas mudas.

SEMENTE

Seja comprada em saquinhos ou retirada do fruto que você acabou de comer, o plantio por sementes sempre será o mais comum de todos.

Plante as sementes e cubra-as com no máximo 2cm de terra. Elas devem **permanecer sempre úmidas** para que a germinação aconteça, portanto, regue-as diariamente, ou faça uma estufa para manter a umidade.

Após alguns dias você irá notar novos brotos nascendo. Quando notar que as novas mudas já tem mais de 10cm de altura (ou mais de 4 folhas) é hora de replantá-las no vaso final. Com um substrato rico em nutrientes!

COMO MONTAR UM VASO

Não importa o tipo de vaso, de plantio ou substrato que você escolher. Para que as plantas se adaptem ao ambiente e se desenvolvam adequadamente, algumas camadas são essenciais.

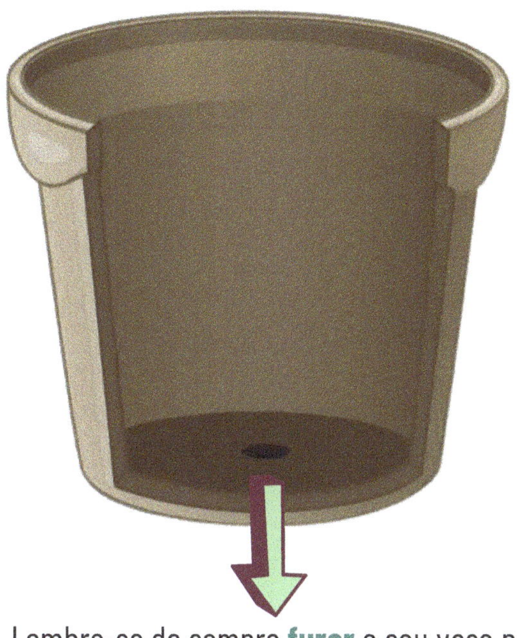

Lembre-se de sempre **furar** o seu vaso para evitar o acúmulo de água.

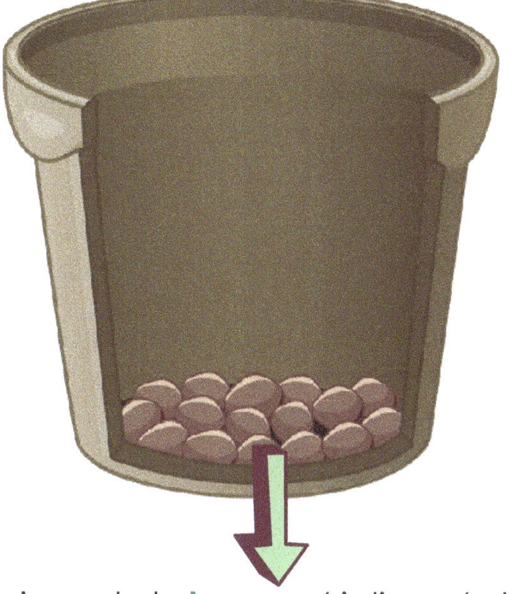

A camada da **drenagem** é indispensável. Você pode usar qualquer material drenável, como argila expandida, pedras, cascalho e até telhas ou pedaços de isopor.

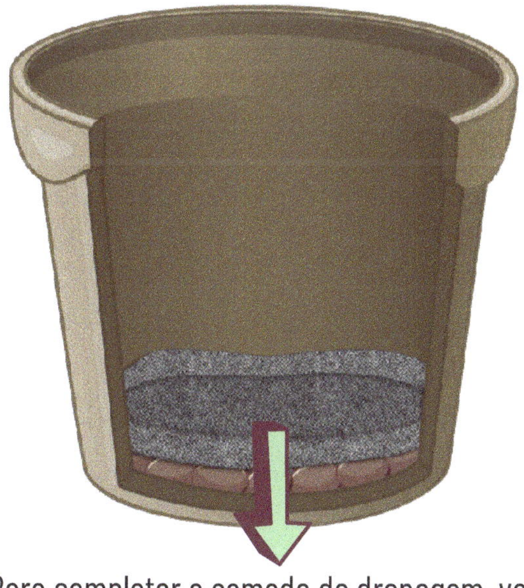

Para completar a camada de drenagem, vale também adicionar uma **manta de proteção**, manta de bedim ou TNT que protegem a raiz e permitem a passagem do excesso de água.

Coloque uma camada da sua melhor mistura de **substrato** e já aproveite para adubar. Faça o plantio e complete com o resto do substrato.

Desenhei um vaso de flores cortado para mostrar como deveria ser uma camada básica de solo. Depois de cuidar das camadas, deve sobrar espaço para sua planta crescer.

Sempre leve em consideração o tamanho final da planta para escolher o vaso. Dê **espaço** para as raízes crescerem.

Após o plantio, a última camada é a de **cobertura**. Palhas, pedras, cascalhos, cascas, galhos secos e até musgo ou grama são ótimos para proteger o solo e manter a umidade da planta.

NO SOLO

Vai fazer o plantio no chão? A camada de drenagem, neste caso, é dispensável, uma vez que o excesso de água é absorvido e escoado no solo, naturalmente.

Entretanto, caso o local não seja apropriado, vale fazer uma boa **limpeza**, correção do solo e até colocar a manta de proteção, para evitar o crescimento de ervas daninhas.

ADUBO OU FERTILIZANTE

CAPÍTULO 16
ADUBO OU FERTILIZANTE

Você já sabe da importância de adubar e nutrir seu jardim. Mas, já se viu parado em frente a prateleira de **fertilizantes** na loja de jardinagem, sem saber o que comprar?

Esse capítulo vai te ensinar a diferença entre adubo e fertilizante e qual você deve escolher para suas plantas.

ORGÂNICO X INDUSTRIALIZADO

Aquela velha história de que tudo o que é orgânico é mais saudável, na jardinagem, não podia ser mais verdadeira. Adubo é toda a **matéria orgânica vegetal ou animal**, que após se decompor, se torna alimento para as plantas. Restos de alimentos e animais, farinhas de cereais, vegetais e minerais, folhas secas e esterco. Tudo o que era vivo, serve de adubo.

Já os fertilizantes, são produtos químicos e industrializados, que contém altas concentrações de NPK (Nitrogênio, Fósforo e Potássio), mas que trazem muitos malefícios para seu jardim, como por exemplo:

 Não contém todos os nutrientes necessários para o total desenvolvimento da planta, deixando-a com deficiência em nutrientes essenciais, provocando o aparecimento de pragas e fungos.

 Podem ser tóxicos para animais e crianças. Portanto, jamais devem ser usados em hortas e plantas comestíveis.

 Deixam a planta "viciada" em produtos químicos, quanto mais você usa, mais ela vai precisar. Com o tempo, a super adubação acabará matando a sua planta.

 Poluem o solo e meio ambiente.

ADUBAÇÃO COMPLETA

A adubação completa do seu jardim, ou seja, com todos os nutrientes essenciais (aprox. 20 nutrientes diferentes), deve ser feita de 3 em 3 meses, de acordo com o adubo que você escolher.

Adubos à base de minerais, normalmente, são de liberação lenta, levando de 2 à 3 meses para precisarem de renovação.

Já no caso de adubos de origem animal e vegetal, o húmus, por exemplo, a decomposição é mais rápida, e a adubação pode ser feita mensalmente.

FLORAÇÃO

Para as plantas ornamentais que florescem, sempre saiba a época de floração e procure fazer uma adubação completa um mês antes da floração.

Nutrientes como fósforo e potássio são essenciais nesse período. A cinza de casca de banana é um bom adubo rico nestes elementos.

PREVENÇÃO DE DOENÇAS

As épocas mais secas e úmidas do ano (inverno e verão) são também as mais propícias para o aparecimento e multiplicação de fungos e pragas.

Antes desse período, vale a pena fazer uma adubação simples, com apenas alguns nutrientes responsáveis pela proteção e fortificação das plantas, como cálcio, enxofre e fósforo.

Não sabe onde encontrar esses elementos? Casca de ovos e verduras escuras.

ENTRE ESTAÇÕES

A mudança de clima é sempre uma boa indicação de que seu jardim vai entrar em um novo estágio.

Algumas planta vão florescer, outras vão dar frutos, outras vão entrar em dormência ou até precisar de cuidados especiais.

Para os iniciantes na adubação, programar a reposição de nutrientes nas trocas de estações do ano é uma ótima alternativa e garante um jardim saudável o ano todo.

INVERNO

Muito se fala sobre a adubação no inverno. A maioria das plantas está em período de dormência e portanto, a absorção de nutrientes é baixa ou quase nula.

No entanto, lembre-se que nosso inverno não é tão rigoroso e algumas plantas tem o inverno como período de floração. Por isso, não leve essa regra tão à risca. Procure fazer uma adubação antes do inverno começar, para proteger seu jardim.

Porém, para as plantas que entram em dormência total (perdem suas folhas e param de crescer), evite adubá-las.

GORDINHAS

CAPÍTULO 17
GORDINHAS

Se você gosta de plantas, há grandes chances que você tenha uma suculenta em casa. Elas viraram moda após o crescimento das *Urban Jungles* nas grandes cidades, pois são pequenas, fáceis de cuidar e sobrevivem aos jardineiros mais desatentos.

As suculentas, em geral, tem como habitat natural lugares quentes e áridos, como desertos e a caatinga, por exemplo. Portanto, é de se esperar que a grande maioria das suculentas prefere o sol pleno ou meia sombra.

Suculenta, é o nome popularmente dado a essas pequenas plantas gordinhas, no entanto, é qualquer planta que tenha uma reserva maior de água e nutrientes em suas folhas e caules. Por conta da água em escassez e solo pobre, esse tipo de vegetação é capaz de armazená-los, sobrevivendo em lugares de clima extremo.

Por isso, as regas e a adubação de suculentas devem ser feitas com cuidado, **sem exageros** e apenas quando necessário.

VOCÊ SABE CUIDAR DE SUCULENTAS?

A. ☐ ☐ SUCULENTAS PREFEREM LUGARES COM SOMBRA E POUCA LUZ NATURAL.

B. ☐ ☐ DEVO ADUBAR MINHA SUCULENTA A CADA 15 DIAS.

C. ☐ ☐ DEVO REGAR MINHA SUCULENTA DIARIAMENTE.

D. ☐ ☐ CACTOS SÃO CONSIDERADOS SUCULENTAS.

E. ☐ ☐ AS SUCULENTAS PREFEREM UM SUBSTRATO MAIS AERADO.

F. ☐ ☐ A ADUBAÇÃO DEVE SER FEITA A CADA 3 MESES E PARA PREVENIR DOENÇAS.

G. ☐ ☐ DEVO REGAR MINHA SUCULENTA APENAS QUANDO O SOLO ESTIVER SECO.

H. ☐ ☐ SUCULENTAS NÃO FLORESCEM.

I. ☐ ☐ DEVO FAZER A PODA DA MINHA SUCULENTA UMA VEZ POR MÊS.

✔ D - E - F - G

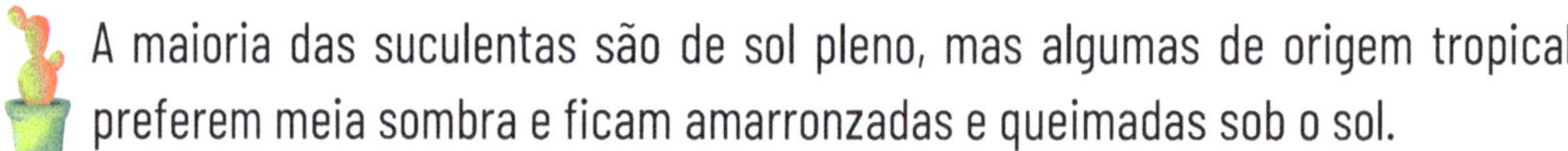

SUCULENTAS

 A maioria das suculentas são de sol pleno, mas algumas de origem tropical preferem meia sombra e ficam amarronzadas e queimadas sob o sol.

Todos os cactos (família cactaceae) são de sol pleno e precisam de muita luz natural.

 Se estiver na dúvida, tenha em mente que suculentas coloridas, avermelhadas, de tonalidade clara, esbranquiçada e cactos em geral, são de sol pleno. Por outro lado, suculentas de tonalidade verde escuro, geralmente preferem sombra.

Os principais sintomas de iluminação adequada são o estiolamento, crescimento anormal e acelerado em direção à luz, a mudança de cor anormal e o aparecimento de pragas e fungos.

Evite o uso de vasos sem furo para suculentas, pois suas raízes apodrecem facilmente com o excesso de água. As regas devem ser feitas apenas quando o substrato estiver completamente seco.

Mesmo sendo plantas que exigem menos adubação e cuidados, é preciso repor os nutrientes pelo menos a cada 3 meses, para prevenir doenças e garantir o desenvolvimento da sua planta.

Todas as suculentas florescem uma vez ao ano, se estiverem no local adequado e devidamente adubadas. Porém, nem todas as flores são vistosas e as hastes absorvem muita energia da planta. Sempre pode hastes florais e folhas secas.

QUAIS SÃO AS SUAS SUCULENTAS FAVORITAS?

AUMENTE SEU REPERTÓRIO

ROSA DE PEDRA

Existem diversas espécies de Echeverias, as mais comuns e indicadas para os iniciantes no cultivo.

HABITAT NATURAL HABITATS DESÉRTICOS DO MÉXICO
ILUMINAÇÃO SOL PLENO
NOME CIENTÍFICO ECHEVERIA

ALOE ARISTATA

Suculenta de sombra, que perde sua coloração verde se exposta ao sol.
Cuidado redobrado com as regas.

HABITAT NATURAL ÁFRICA DO SUL
ILUMINAÇÃO SOMBRA
NOME CIENTÍFICO ALOE ARISTATA

COLAR DE PÉROLAS

Essa é uma suculenta pendente e é mais resistente à água, por ser de origem tropical. Mantenha o solo sempre úmido, mas sem exageros.

HABITAT NATURAL ÁREAS ROCHOSAS DA ÁFRICA DO SUL
ILUMINAÇÃO MEIA SOMBRA
NOME CIENTÍFICO SENECIO ROWLEYANUS

JADE

Planta resistente e que ganha um tom avermelhado quando exposta ao sol.
Se torna um pequeno arbusto se plantado no chão.

HABITAT NATURAL TROPICAL E SUB-TROPICAL
ILUMINAÇÃO SOL PLENO
NOME CIENTÍFICO CRASSULA OVATA

PERCEBEU COMO O HABITAT NATURAL DA ESPÉCIE INTERFERE DIRETAMENTE NO TIPO DE ILUMINAÇÃO E CUIDADOS QUE ELA PRECISA? SEMPRE PESQUISE A ORIGEM DA SUA SUCULENTA! 

HAWORTHIA

Essa está na categoria de espécies de suculentas mais delicadas. Deixa-a na sombra e ela ganha uma coloração transparente.

HABITAT NATURAL ÁFRICA DO SUL
ILUMINAÇÃO SOMBRA
NOME CIENTÍFICO HAWORTHIA

ALOE JUVENNA

Com folhas que parecem pequenos dentes, essa suculenta prefere a sombra e queima facilmente, quando exposta ao sol.

HABITAT NATURAL SELVAS DO QUÊNIA - ÁFRICA
ILUMINAÇÃO SOMBRA
NOME CIENTÍFICO ALOE JUVENNA

ORELHA DE MICKEY

Da família dos cactos, essa suculenta é muito comum e se multiplica facilmente. Cuidado com os espinhos que irritam a pele com apenas um toque.

HABITAT NATURAL MÉXICO
ILUMINAÇÃO SOL PLENO
NOME CIENTÍFICO OPUNTIA MICRODASYS

AMENDOIM

O cacto amendoim é um dos mais fáceis de cuidar, pois por conta do seu habitat natural próximo, se adapta bem com o clima brasileiro.

HABITAT NATURAL ARGENTINA
ILUMINAÇÃO SOL PLENO
NOME CIENTÍFICO ECHINOPSIS CHAMAECEREUS

ENCICLOPÉDIA DE SUCULENTAS

Até os colecionadores de suculentas tem dificuldade em identificar espécies e é quase impossível saber o nome de todas.

Há inúmeras famílias, espécies e cruzamentos de suculentas, tornando o trabalho de identificá-las muito difícil.

Não sabe o nome da sua? Saiba pelo menos a família, facilmente reconhecida por suas características (formas e cor), assim será mais simples saber sua origem e quais os cuidados necessários.

XÔ, PRAGAS!

CAPÍTULO 18
XÔ, PRAGAS!

Esses são, sem dúvida, os maiores inimigos do seu jardim.

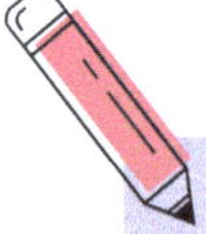

VOCÊ RECONHECE ALGUM DELES? QUAL SUA SOLUÇÃO PARA FUNGOS E PRAGAS?

Não tem jeito, todos os que tem plantas em casa ou trabalham com elas vão se deparar, algum dia, com pequenas pragas do jardim.

Pulgões, ácaros, lesmas, caramujos, lagartas, cochonilhas, formigas e fungos, parecem estar unidos para a destruição daquela planta que você tanto gosta.

Neste capítulo, além de ensinar como se livrar deles, quero te mostrar uma nova visão sobre fungos e pragas: **eles não são o problema**, são apenas um dos sintomas da doença.

É muito simples. As cochonilhas, por exemplo, aparecem e se multiplicam em plantas fracas, com deficiência em cálcio. Os pulgões adoram plantas com excesso em nitrogênio, que foram adubadas em excesso.

Os fungos, por sua vez, já estão presentes na natureza e alguns são necessários para a manutenção do ecossistema, porém, ao encontrar um ambiente muito seco, sombra ou até muita umidade, se multiplicam rapidamente, comprometendo a saúde da planta.

Não é difícil imaginar, a partir disso, que a melhor forma de combater fungos e pragas é tratar a doença das suas plantas. **De nada adianta aplicar pesticidas químicos e não tratar a causa, pois as pragas irão voltar, ainda mais resistentes.**

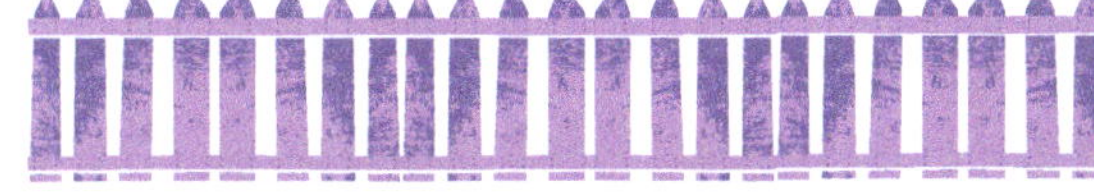

PRINCIPAIS CAUSAS

TEMPO SECO

ALTA UMIDADE DO AR

FALTA DE ADUBAÇÃO

FALTA DE ILUMINAÇÃO

OVOS DE INSETOS

USO INDEVIDO DE PESTICIDAS

EXCESSO DE REGAS

PROXIMIDADE COM OUTRAS PLANTAS DOENTES

PASSO-A-PASSO PARA COMBATER PRAGAS E FUNGOS

1º

IDENTIFICAR A DOENÇA

Sempre que for cuidar do seu jardim, dê uma rápida olhada em suas plantas, **procurando por insetos, manchas ou quedas** de folhas novas ou outros sinais anormais. Caso identifique algo incomum, descubra qual a causa do problema.

2º

LIMPEZA

Faça uma boa limpeza na planta doente. Caso seja de pequeno porte, o ideal é lavar toda a planta, delicadamente, com **água e detergente neutro**, eliminando todos os insetos e ovos. Mergulhe todo o vaso nesta solução por 2 horas, se possível. Para vegetação de grande porte, um banho de mangueira ou jato forte de água e a poda das partes doentes já é o bastante.

3º

TRATAMENTO

Agora que os insetos se foram é hora de tratar a **causa do aparecimento deles**. Iluminação inadequada? Regou demais? Falta adubação?

Se possível, isole a planta doente das demais e adeque os cuidados. Por exemplo, se sua planta está com fungos por conta do excesso de regas e sombra, diminua a frequência de regas e aproxime-a da luz natural.

4º

APLICAÇÃO DE PESTICIDAS E FUNGICIDAS NATURAIS

Você já sabe que não deve usar nada químico e tóxico no seu jardim. Pelo mesmo motivo pelo qual a adubação orgânica é mais indicada, o uso de agrotóxicos é ainda mais prejudicial para sua saúde.

Esse é o momento em que você deve aplicar pesticidas ou fungicidas nas suas plantas doentes, mas procure optar por **receitas naturais**, que você mesmo pode fazer em casa. Para receitas orgânicas, borrife a solução todas as noites, por no mínimo 15 dias.

5º

FIQUE ATENTO

Se você seguiu todos os passos anteriores, seu jardim já deve estar protegido contra seus agressores. Neste momento, é essencial prestar atenção aos menores sinais de novo ataque ou se sua planta continua doente. Caso esteja tudo bem, você vai notar que **novas folhas saudáveis** vão nascer e ela voltou a se desenvolver normalmente.

CALDA DE CEBOLA

IDEAL CONTRA PRAGAS E INSETOS PEQUENOS.

- 1 cebola inteira
- 1 cabeça de alho
- Pimenta do reino

Bata tudo no liquidificador ou mixer, com o mínimo de água, apenas para facilitar na trituração.

Após isso, passe por uma peneira até obter uma calda líquida da mistura.

Para diluir, a cada 100ml da calda adicione 1 litro de água.

Deixe concentrar por algumas horas e está pronto para ser borrifado em suas plantas.

CALDA DE CANELA

IDEAL CONTRA FUNGOS.

- 10g de cavalinha (seca ou fresca)
- 10g de canela em pó
- 10g de camomila (seca ou fresca)

Adicione aproximadamente 500ml de água e faça um chá com todos os ingredientes. Após isso, passe por uma peneira até obter uma calda líquida da mistura.

Para diluir, a cada 100ml da calda adicione 1 litro de água.

Deixe esfriar e está pronto para ser borrifado em suas plantas.

DICA DE OURO

Para outras pragas maiores, o melhor jeito é a limpeza manual.

Faça iscas com alimentos doces (casca de mamão, chuchu) para atrair lesmas e caramujos e retire-os de seu jardim.

VASOS

CAPÍTULO 19

VASOS

É com enorme prazer que digo que você já é um jardineiro joaninha de dentro de casa. Até aqui, te ensinei os conhecimentos básicos para cuidar do seu jardim, mantendo-o sempre saudável e em desenvolvimento.

Rega, iluminação, adubação, controle de doenças. A manutenção do jardim está em dia. Que tal falarmos um pouco sobre decoração? Afinal, para os jardineiros de dentro de casa, com suas *urban jungles* cada vez maiores, a aparência do lar tem tudo a ver com harmonia e bem-estar.

Mas, se engana quem acredita que a **escolha dos vasos** só diz respeito à decoração. Usar o vaso correto para cada tipo de vegetação ajuda, e muito, no cuidado com suas plantas.

PLÁSTICO

Os vasos de plástico são, sem dúvida, os mais baratos. Alguns podem não ser tão decorativos, mas tem uma característica que, se usada corretamente, pode facilitar as regas no jardim. Eles mantém a umidade do substrato, onde o excesso de água só é **liberado pelos furos no fundo**.

Para plantas tropicais e outras que necessitam de regas diárias, os vasos de plástico são uma boa opção.

CERÂMICA

Ao contrário dos vasos de plástico, os de cerâmica são indicados para plantas mais sensíveis às regas, como as suculentas, por exemplo.

Esse material **absorve** o excesso de água, mantendo a umidade do substrato controlada e protegendo as raízes da planta. Nada impede de pintá-los para combinar com sua decoração.

CIMENTO

Os vasos de cimento tem uma função similar aos de cerâmica, pois são capazes de absorver a umidade.

Além disso, são facilmente encontrados em diversos tamanhos e formas. Pintados ou na cor natural do cimento. Você pode até se aventurar e **fazê-los em casa**.

Por esse motivo, é um dos favoritos dos colecionadores de suculentas.

VIDRO

Os vasos de vidro, com certeza, são os mais elegantes e são perfeitos para decoração de interiores.

Porém, como jardineira, sou obrigada a lhe dizer que é o jeito mais rápido de matar as suas plantas. Como não é possível fazer furos neste material, o excesso de água vai ficar **acumulado nas raízes** da sua planta.

Caso opte por esse tipo de vaso, opte por plantas cultivadas em água ou muito resistentes.

MADEIRA

Outro material indicado apenas para **suportes ou cachepôs**.

Com o tempo e regas, a madeira vai apodrecer e criar fungos, não importa o quão envernizada ela está.

Coloque sempre outro vaso por dentro para conservar o material.

ALUMÍNIO

Este tipo de vaso **conserva a umidade** do substrato, assim como os de plástico. A diferença é a sua resistência e durabilidade. A maioria desses vasos são vendidos como suporte (sem furos), mas se quiser cultivar suas plantas diretamente neles, você consegue furá-los facilmente, com uma furadeira.

JARDINAGEM É PARA MIM?

CAPÍTULO 20
JARDINAGEM É PARA MIM?

Para os jardineiros de dentro de casa que chegaram ao final deste livro, meus sinceros parabéns. Espero que você descubra o quanto a jardinagem traz benefícios para nossa qualidade de vida e que cultive o jardim dos seus sonhos.

Vamos fazer um teste? Ao fim dele, tenho certeza que você vai ver o quanto aprendeu e saber que está pronto para entrar no mundo da jardinagem, com sucesso.

No final deste capítulo você também encontrará um calendário de manutenção vazio para preencher e usar em seu próprio jardim.

VOCÊ É UM BOM JARDINEIRO?

1 COMO VOCÊ ALIMENTA SUAS PLANTAS?

A Com fertilizante industrial.

B Eu compro ou faço meu adubo orgânico em casa.

C Eu tenho que alimentá-las?

D Eu não preciso, elas tem tudo o que precisam no solo.

2 COMO VOCÊ LIDA COM PRAGAS?

A Jogo a planta fora.

B Aplico pesticidas químicos ou veneno.

C Não me importo, deixo eles lá.

D Tenho várias receitas de pesticidas naturais prontas para cada situação.

3 SE EU VEJO PULGÕES NO JARDIM...

A Eu lavo a minha planta e aplico pesticida.

B Espero, pois eles vão embora sozinhos.

C Eles são um sinal de que tudo está bem.

D Não tem tratamento, tenho que jogar tudo fora.

4 QUANDO DEVO TROCAR DE VASO?

A Nunca.

B A cada três meses.

C Uma vez por ano.

D Quando o vaso está pequeno para o porte final da planta.

A O nome de um adubo orgânico.

B O que acontece quando rego demais.

C Crescimento normal das plantas.

D Crescimento anormal das planta por causa de iluminação inadequada.

A Misture ele ao substrato.

B Não se usa esterco na jardinagem.

C Misture ele na água e borrife nas plantas.

D É um ótimo pesticida contra cochonilhas.

A Drenagem e substrato.

B Substrato e cobertura vegetal.

C Drenagem, substrato e cobertura vegetal.

D Não existe uma camada de solo certa.

A Árvore frutífera.

B Plantas de origem tropical.

C Flores em geral.

D Plantas de origem da caatinga.

A Hortaliças em geral.

B Suculentas.

C Suculentas em geral, com exceção dos cactos.

D Plantas de clima temperado.

A É normal algumas plantas não florescerem.

B Excesso de regas.

C Falta de adubação e luz.

D Porque é uma suculenta e elas não dão flor.

SE VOCÊ RESPONDEU 4 OU MAIS QUESTÕES CORRETAMENTE, A JARDINAGEM JÁ FAZ PARTE DA SUA VIDA. CONTINUE SEMPRE APRENDENDO E APRIMORANDO SUAS HABILIDADES JARDINEIRAS. **O SEU JARDIM AGRADECE!**

✓ **1** – B; **2** – D; **3** – A; **4** – D; **5** – D; **6** – A; **7** – C; **8** – B; **9** – A; **10** – C.

CALENDÁRIO DE MANUTENÇÃO

Deixo aqui um exemplo de como você pode montar o seu calendário de manutenção , para manter o seu jardim sempre saudável. **Não siga este calendário**, ele não foi feito para o seu jardim ou baseado nas suas necessidades.

EXEMPLO DE CALENDÁRIO DE MANUTENÇÃO DE JARDIM | POR GABRIELA VILHELMSSON								
TIPO	VEGETAÇÃO	FLORAÇÃO	ADUBAÇÃO	PODA	REGA	REPLANTIO	PREVENÇÃO DE DOENÇAS	OUTROS
FOLHAGENS DE SOMBRA	Samambaias, Antúrios, Lírios, Bromélias, Espada de São Jorge	1X AO ANO SE AS CONDIÇÕES SÃO IDEAIS	**Setembro** - Adubação completa **Novembro** - entre adubação - húmus **Abril** - cálcio, fósforo, potássio, enxofre - húmus	**Sempre -** Poda limpeza **Setembro** - Poda completa **Abril** - Poda leve em folhagem densa	A cada 2 dias	Quando a planta alcançar o porte do vaso	**Novembro** - Fungicida **Abril** - Fungicida	Regar 2x ao dia no tempo seco
FOLHAGENS DE SOL	Cactos, Clorofito	1X AO ANO SE AS CONDIÇÕES SÃO IDEAIS	**Setembro** - Adubação completa **Novembro** - entre adubação - húmus **Abril** - cálcio, fósforo, potássio, enxofre - húmus	-	A cada 2 dias	Quando a planta alcançar o porte do vaso	**Novembro** - Fungicida **Abril** - Pesticida	Regar 2x ao dia no tempo seco
FLORES	Tagete, Dália, Agapanto, Impatiens, Roseiras, Érica, Gerânios, Gérberas, Heliconia Papagaio, Strelitzia	VERÃO INVERNO	**Agosto** - Adubação completa **Novembro** - Adubação completa **Abril** - cálcio, fósforo, potássio, enxofre - húmus	**Após floração** - poda completa	Diária	Após a floração, para renovação de solo	**Novembro** - Fungicida **Abril** - Pesticida	
ÁRVORES	Pinheiro, Palmeira Areca, Palmeira Cica		A cada 3 meses	**Sempre -** Poda limpeza **Setembro** - Poda completa **Abril** - Poda leve em folhagem densa	1x semana		**Novembro** - Fungicida **Abril** - Pesticida	
ORQUÍDEAS	Phaleanopsis, Dendrobio, etc.	INVERNO VERÃO	**Junho** - Adubação completa **Novembro** - Adubação completa **Abril** - Adubação completa	**Após floração** - poda de partes mortas e secas	Diária	Se em vaso, quando as raízes não tiverem espaço para crescer	**Novembro** - Fungicida **Abril** - Pesticida	Regar 2x ao dia no tempo seco

É hora de colocar em prática tudo o que você aprendeu e criar seu próprio calendário de manutenção! Preencha de acordo com onde você mora. Lembre-se da importância de conhecer o seu ambiente antes de criar o seu jardim. Qual é o seu bioma? _____________

CALENDÁRIO DE MANUTENÇÃO DE JARDIM

TIPO	VEGETAÇÃO	FLORAÇÃO	ADUBAÇÃO	PODA	REGA	REPLANTIO	PREVENÇÃO DE DOENÇAS	OUTROS